글쓰기가 쉬워지는 **30일**의 기적

초등학생
바른 문장 만들기

글쓰기가 쉬워지는 30일의 기적

초등학생
바 른 문 장
만들기

지은이 강승임
그린이 김은미
펴낸이 정규도
펴낸곳 (주)다락원

초판 1쇄 발행 2021년 6월 21일
2쇄 발행 2023년 4월 26일

편집총괄 최운선
책임편집 조선영
디자인 김보형

다락원 경기도 파주시 문발로 211
내용문의 (02) 736-2031 내선 276
구입문의 (02) 736-2031 내선 250~252
Fax (02) 732-2037
출판등록 1977년 9월 16일 제406-2008-000007호

ISBN 978-89-277-4767-3 (63700)

http://www.darakwon.co.kr
다락원 홈페이지를 통해 인터넷 주문을 하시면 자세한 정보와 함께 다양한 혜택을 받으실 수 있습니다.

글쓰기가 쉬워지는 **30**일의 기적

초등학생 바른 문장 만들기

글 강승임

그림 김은미

다락원

학교 글쓰기? 재밌는 글쓰기?
모두 바른 문장 만들기부터 공부해요!

제가 초등학교에 다닐 때는 글을 써야 하는 일이나 글쓰기 과제가 많지 않았어요. 일기 쓰기와 일 년에 두세 번 정도 독후감 쓰기가 전부였지요.

지금은 완전히 달라졌어요. 이 두 가지 글쓰기뿐만 아니라 학교 공부를 할 때도 글로 표현해야 하는 일이 아주 많아졌어요. 교과서에 서술형으로 내용을 정리하고 논술형 평가를 하고 다양한 형식의 글쓰기 과제를 하게 된 거예요. 그렇지 않아도 글쓰기가 어렵고 재미도 없는데 줄기는커녕 더 늘었으니 어떻게 해야 할까요? 정답은 문장 만들기를 제대로 공부하는 겁니다!

글은 생각을 문자로 표현한 거예요. 이때 하나의 완결된 생각을 표현한 것이 문장이랍니다. 그러니 문장을 바르게 만들 수 있어야 생각을 바르게 정돈하여 정확하게 표현할 수 있어요. 바른 문장 만들기를 공부하지 않고 아무렇게나 글을 쓰면 글쓰기 실력이 절대 늘지 않아요.

하지만 이제 걱정하지 마세요. 이 책이 문장 만들기의 기초부터 응용, 나아가 기본적인 글쓰기 방법까지 차례로 공부할 수 있도록 도와줄 거예요. 매일 조금씩 차근차근 연습하면 30일 안에 바른 문장 만들기의 방법을 모두 익힐 수 있어요. 그럼 글쓰기에 자신감이 생기고 비로소 정말 재밌는 글쓰기를 할 수 있을 거예요!

강승임

이 책의 활용법

이 책은 매일 두 장씩 연습할 수 있도록 구성되어 있어요. 처음 한 쪽은 바른 문장을 만드는 비법을 담았고요. 다음 세 쪽은 앞의 비법을 적용하여 바른 문장 만들기를 연습할 수 있도록 간단한 문제를 실었어요. 다음 순서로 활용해 보아요.

❶ 그날그날 연습할 주제에 관한 내용을 천천히 읽어요.
이때 바른 문장의 비법을 마음에 새겨요.

❷ 문제의 목표를 읽어요.
앞의 비법을 떠올려 봐요.

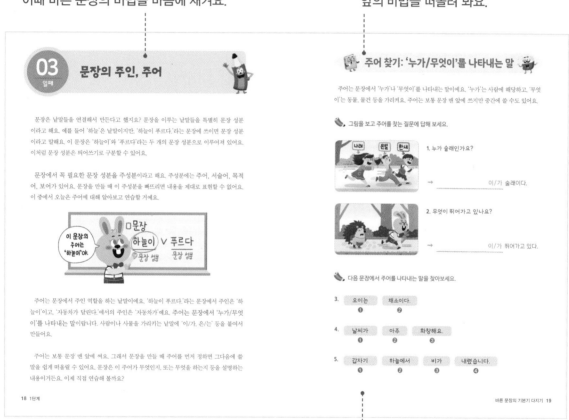

❸ 주제와 관련된 문제를 천천히 풀어요.
문제를 풀기 전에 짧은 설명 글을 먼저 읽어요.

❹ 각 장 앞에는 진도표가 있어요.
30일 동안 매일 체크하며 연습해 봐요!

목차

차근차근 바른 문장의 기본기 다지기

1단계

영차영차 정확한 문장의 비법 익히기

2단계

반짝반짝 생생하고 자세한 문장 만들기

반드르르 내용이 매끄럽고 상황에 맞는 문장 만들기

속삭속삭 문장과 문장을 연결하여 세 줄 글쓰기

1STEP schedule

1일째	☐	문장이 뭐예요? 바른 문장을 쓰고 싶어요!
2일째	☐	바른 문장이 좋아하는 것과 싫어하는 것
3일째	☐	문장의 주인, 주어
4일째	☐	주어를 풀이하는 말, 서술어
5일째	☐	주어가 마주하는 말, 목적어
6일째	☐	주어를 돕는 말, 보어

1 단계

차근차근

바른 문장의
기본기 다지기

01
일째

문장이 뭐예요?
바른 문장을 쓰고 싶어요!

사람은 누구나 생각이나 감정을 표현하고 싶은 마음이 있어요. 그래서 어떤 사람은 그림을 그려서 표현하고, 또 어떤 사람은 음악이나 춤으로 표현해요.

하지만 가장 간단하고 가장 널리 쓰이는 방식은 바로 언어를 사용하는 거예요!

그중에서도 문장을 만드는 거죠!

문장이란 낱말과 낱말을 연결하여 생각이나 감정을 하나의 완결된 내용으로 표현한 거예요. 생각이 완결되었다는 뜻으로 문장 끝부분에는 꼭 마침표(.)나 물음표(?), 느낌표(!)를 찍어야 해요.

말하기와 글쓰기의 기본은 바른 문장 만들기예요. 그래야 내용을 정확하게 표현하고 전달할 수 있거든요. 오늘은 문장이 무엇인지 알아보고, 바른 문장에 대한 감각을 깨워 보아요!

문장과 문장이 아닌 것

문장은 낱말과 낱말을 연결해서 만들어요. 문장과 낱말을 구분해 보고, 낱말들을 연결해서 완결된 문장을 만들어 보세요.

1. 다음 그림에서 문장으로 말한 친구는 누구인가요?

❶ 한새　　❷ 마루　　❸ 은별

다음 낱말들을 각각 한 번씩만 연결해서 뜻이 통하게 문장을 만들어 보세요.

도움 '토끼가 개미가 먹는다.'는 문장은 뜻이 통하지 않아요.

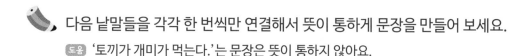

| 2. 토끼가 | ● | ● 개미가 | ● | ● 먹는다. |

| 3. 바람이 | ● | ● 당근을 | ● | ● 붑니다. |

| 4. 부엌에 | ● | ● 솔솔 | ● | ● 들어왔어요. |

바른 문장과 바르지 않은 문장

문장을 만들 때, 낱말에 붙는 말을 잘못 쓰거나, 같은 말이 두 번 쓰여 연결이 어색하거나, 꼭 넣어야 하는 말을 빠뜨리면 바르지 않은 문장이 돼요. 바른 문장으로 고쳐 보세요.

✏️ 다음 문장에서 낱말에 붙는 말을 [보기]처럼 바르게 고쳐 써 보세요.

> [보기] 나무를 자란다. ➡ 가

5. 나래는 아이스크림이 먹는다. ➡ _____

6. 어제 친구들과 바다를 놀았다. ➡ _____

✏️ 다음 문장에서 연결이 어색한 부분을 [보기]처럼 바르게 고쳐 써 보세요.

> [보기] 집에 가서 밥을 먹으러 간다. ➡ 먹을 거다.

7. 내 꿈은 요리사가 되는 것이 꿈이다. ➡ _____

8. 우산을 써서 옷이 젖지 않아서 썼다. ➡ _____

✏️ 다음 문장에서 빠진 내용이 무엇인지 오른쪽에서 찾아 바르게 연결해 보세요.

9. 깡충깡충 뛴다. •   • ① 누구에게

10. 나래가 보았다. •   • ② 무엇을

11. 나는 문자를 보냈다. •   • ③ 누가/무엇이

생각을 문장으로 표현하기

생각이나 느낌을 분명하고 정확하게 표현하려면 바른 문장을 써야 해요. 다른 사람은 어떻게 표현했는지 살펴보고, 생각이나 느낌을 떠올려 문장으로 써 보세요.

12. 좋아하는 책에서 마음에 드는 문장을 한 개 골라 그대로 옮겨 써 보세요.

● 책 제목: _____   ● 지은이: _____   ● 출판사: _____

● 마음에 드는 문장 (   )쪽: _____

_____

✏️ 주어진 낱말을 활용해 [보기]처럼 문장을 만들어 보세요.

> **보기**   사과 ➡ 사과는 새콤달콤하다.

13. 줄넘기   ➡   _____

14. 사진, 추억   ➡   _____

✏️ 주어진 그림을 보고 떠올린 생각이나 느낌을 [보기]처럼 문장으로 표현해 보세요.

보기

거미가 공중에
매달려 있다.

15.

_____

16.

_____

02 일째
바른 문장이 좋아하는 것과 싫어하는 것

문장은 내 생각이나 감정을 하나의 완결된 내용으로 표현한 거예요.

하지만 우리의 생각은 꼬리에 꼬리를 물어 이어지고, 한 번에 여러 가지 생각이 동시에 떠오르기도 해요. 이렇게 길게 이어지고 늘어지는 생각들을 문장으로 어떻게 표현해야 할까요?

생각이 떠오르는 대로 한 문장 안에 모두 담을 수도 있어요. 하지만 이렇게 문장이 길어지면 내용이 많고 복잡해져서 그 뜻을 분명하게 전달하기 어려워요. 그래서 바른 문장은 길게 늘여 쓴 문장을 별로 좋아하지 않는답니다.

바른 문장은 생각이 정확하고 분명하게 담긴 문장이에요. 그러려면 주저리주저리 길게 늘여 쓰는 것이 아니라, 한 문장 안에 하나의 생각을 간결하게 담는 것이 좋아요. 긴 문장은 끊고, 글꼬리는 짧게 하고, 군더더기 표현은 깔끔하게 정리하는 거지요.

바른 문장을 쓰기 위해 위의 세 가지 사항을 익혀 보아요.

긴 문장 끊기

한 문장 안에는 하나의 생각을 담아야 내용을 좀 더 분명하고 정확하게 표현할 수 있어요. 여러 가지 생각을 담은 긴 문장을 한 가지 생각의 짧은 문장으로 끊어 보아요.

1. 다음 문장 안에는 세 가지 생각이 담겨 있어요. 어떤 내용인지 모두 골라 보세요. (모두 3개)

도움 끊기 표시(/)를 참고해서 생각을 나눠 보아요.

한새는 아침 일찍 눈을 뜨고 / 커튼 사이로 들어온 햇살을 맞으며 / 힘껏 기지개를 켰어요.

❶ 한새는 아침 일찍 눈을 떴어요.　❷ 한새는 커튼을 열었어요.　❸ 커튼이 햇살을 가렸어요.

❹ 한새는 커튼 사이로 들어온 햇살을 맞았어요.　❺ 한새는 힘껏 기지개를 켰어요.

다음 문장 안에는 두 가지 생각이 담겨 있어요. 두 문장으로 끊어야 할 부분을 [보기]와 같이 찾아보세요.

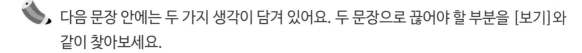

보기　헐레벌떡 ❶ 아침을 먹고 ✔❷ 겨우 학교에 갔다.

2. 옆집 언니가 ❶ 나에게 인사하면서 ❷ 사탕을 주었다.

3. 나는 과학을 좋아하고 ❶ 노래를 ❷ 잘 부른다.

4. 하루 종일 ❶ 놀이터에서 놀았지만 ❷ 계속 더 놀고 싶었다.

5. 나래가 공원에 갔는데 ❶ 은행나무 옆에 ❷ 벤치가 있었다.

글꼬리 짧게 하기

문장을 길게 쓰려고 글꼬리를 늘이는 경우가 있어요. 예를 들어 '숙제하다'라고 쓰면 되는데 '숙제를 하다'라고 쓰는 거지요. 두 단어를 합쳐 한 단어로 바꿔 보아요.

🖊️ 말꼬리에 '하다'가 들어간 문장을 [보기]와 같이 한 단어로 합쳐 보세요.

> **보기** 저녁을 먹고 부랴부랴 숙제를 했다. ➡️ 저녁을 먹고 부랴부랴 **숙제했다.**

6. 엄마를 도와 방을 청소를 했다. ➡️ 엄마를 도와 방을 ＿＿＿＿＿＿＿ .

7. 감기 때문에 하루 종일 기침을 했다. ➡️ 감기 때문에 하루 종일 ＿＿＿＿＿＿＿ .

8. 겨루기를 하기 전에 상대와 악수를 했다. ➡️ 겨루기를 하기 전에 상대와 ＿＿＿＿＿＿ .

9. 학교에서 국어를 공부를 했어요. ➡️ 학교에서 국어를 ＿＿＿＿＿＿＿ .

🖊️ '있다'가 들어간 문장을 [보기]와 같이 한 단어로 합쳐 보세요.

> **보기** 이 반지는 정말 값이 있어 보여요. ➡️ 이 반지는 정말 **값있어** 보여요.

10. 갓 구운 밤은 아주 맛이 있어요. ➡️ 갓 구운 밤은 아주 ＿＿＿＿＿＿＿ .

11. 멋이 있는 영웅이 아기를 구했다. ➡️ ＿＿＿＿＿＿＿ 영웅이 아기를 구했다.

군더더기 표현 정리하기

문장의 꼬리에 군더더기 표현을 붙이는 경우가 있어요. 예를 들어 '만든다'라고 쓰면 되는데 '만들고 있다'라고 쓰는 거지요. 군더더기 표현을 깔끔하게 정리해 보아요.

✏️ '~고 있다'라는 표현을 [보기]와 같이 간결하게 고쳐 써 보세요.

보기 마루가 수수깡으로 집을 <u>만들고 있다</u>. ➡️ 마루가 수수깡으로 집을 <u>만든다</u>.

12. 친구들이 운동장에서 축구를 <u>하고 있다</u>. ➡️ 친구들이 운동장에서 축구를 _____.

13. 점심을 먹으러 음식점에 <u>가고 있다</u>. ➡️ 점심을 먹으러 음식점에 _____.

14. 음식점에서 우동과 김밥을 <u>먹고 있다</u>. ➡️ 음식점에서 우동과 김밥을 _____.

15. 동생이 잘 걷는지 <u>보고 있다</u>. ➡️ 동생이 잘 걷는지 _____.

✏️ '~인 것 같다'라는 표현을 [보기]와 같이 간결하게 고쳐 써 보세요.

보기 짜장면이 제일 <u>맛있는 것 같다</u>. ➡️ 짜장면이 제일 <u>맛있다</u>.

16. 오랜만에 학교에 가서 기분이 <u>좋은 것 같다</u>.

↳ 오랜만에 학교에 가서 기분이 _____.

17. 시원한 바람이 <u>상쾌한 것 같다</u>. ➡️ 시원한 바람이 _____.

03 일째 문장의 주인, 주어

문장은 낱말들을 연결해서 만든다고 했지요? 문장을 이루는 낱말들을 특별히 문장 성분이라고 해요. 예를 들어 '하늘'은 낱말이지만, '하늘이 푸르다.'라는 문장에 쓰이면 문장 성분이라고 말해요. 이 문장은 '하늘이'와 '푸르다'라는 두 개의 문장 성분으로 이루어져 있어요. 이처럼 문장 성분은 띄어쓰기로 구분할 수 있어요.

문장에서 꼭 필요한 문장 성분을 주성분이라고 해요. 주성분에는 주어, 서술어, 목적어, 보어가 있어요. 문장을 만들 때 이 주성분을 빠뜨리면 내용을 제대로 표현할 수 없어요. 이 중에서 오늘은 주어에 대해 알아보고 연습할 거예요.

주어는 문장에서 주인 역할을 하는 낱말이에요. '하늘이 푸르다.'라는 문장에서 주인은 '하늘이'이고, '자동차가 달린다.'에서의 주인은 '자동차가'예요. 주어는 문장에서 '누가/무엇이'를 나타내는 말이랍니다. 사람이나 사물을 가리키는 낱말에 '이/가, 은/는' 등을 붙여서 만들어요.

주어는 보통 문장 맨 앞에 써요. 그래서 문장을 만들 때 주어를 먼저 정하면 그다음에 쓸 말을 쉽게 떠올릴 수 있어요. 문장은 이 주어가 무엇인지, 또는 무엇을 하는지 등을 설명하는 내용이거든요. 이제 직접 연습해 볼까요?

주어 찾기: '누가/무엇이'를 나타내는 말

　주어는 문장에서 '누가'나 '무엇이'를 나타내는 말이에요. '누가'는 사람에 해당하고, '무엇이'는 동물, 물건 등을 가리켜요. 주어는 보통 문장 맨 앞에 쓰지만 중간에 쓸 수도 있어요.

 그림을 보고 주어를 찾는 질문에 답해 보세요.

1. 누가 술래인가요?

➡ _____ **이/가** 술래이다.

2. 무엇이 뛰어가고 있나요?

➡ _____ **이/가** 뛰어가고 있다.

 다음 문장에서 주어를 나타내는 말을 찾아보세요.

3. 　오이는　　채소이다.
　　　❶　　　　❷

4. 　날씨가　　아주　　화창해요.
　　　❶　　　❷　　　❸

5. 　갑자기　　하늘에서　　비가　　내렸습니다.
　　　❶　　　　❷　　　❸　　　　❹

'이/가', '은/는', '께서'를 붙여 주어 만들기

주어는 이름을 가리키는 모든 말에 '이/가, 은/는'을 붙여서 만들어요. 그런데 만약 주어가 어른이거나 높여야 할 사람이라면 '께서'를 붙여요.

 다음 문장에서 밑줄 친 부분에 들어갈 말을 [보기]에서 골라 써 보세요.

| 보기 | 이 | 가 | 께서 |

6. 한새 _____ 공을 뻥 찼다.

7. 신발 _____ 너무 커요.

8. 할아버지 _____ 병원에 입원하셨다.

 그림을 보고 주어를 써 보세요.

9. _____ 계란말이를 집었다.

10. _____ 조심스레 국을 떠 드셨다.

11. _____ 노릇노릇 잘 구워졌다.

'도', '만'을 붙여 주어 만들기

주어를 만드는 말에는 '도'와 '만'도 있어요. '도'는 앞 내용과 같을 때 쓰고, '만'은 제한할 때 써요.

밑줄 친 말에 주의하여 문장의 뜻을 바르게 풀이한 내용과 연결해 보세요.

12. 나도 수박을 좋아한다. ●

● ① 내 주변 사람들은 수박을 좋아하지 않고, 나 혼자 수박을 좋아한다.

13. 나만 수박을 좋아한다. ●

● ② 수박을 좋아하는 다른 사람들처럼 나 역시 수박을 좋아한다.

그림을 보고 문장의 밑줄 친 부분에 들어갈 말을 [보기]에서 골라 써 보세요.

은별 한새 나래

보기 도 | 만

은별이가 아이스크림을 먹는다.

14. 한새 _____ 아이스크림을 먹는다.

15. 나래 _____ 아이스크림을 먹지 않는다.

이/가, 은/는, 께서, 도, 만 등을 이용하여 문장의 밑줄 친 부분에 자유롭게 주어를 써 보세요.

16. _____ 우리 반 반장이다.

17. _____ 달콤하다.

18. _____ 콧노래를 부르셨다.

04 일째 주어를 풀이하는 말, 서술어

문장의 두 번째 주성분은 서술어예요.

서술어는 문장에서 주어가 어떤지 풀이하는 말이에요. 주어의 정체나 움직임, 상태 등을 나타내요. 예를 들어 '하늘이 푸르다.'라는 문장에서 서술어는 '푸르다'예요. 이 말은 주어 '하늘이'의 상태가 푸르다는 것을 나타내 줘요.

서술어는 보통 문장 맨 끝에 써요. 하지만 문장에서 제일 중요한 성분이에요. 서술어의 종류나 형태에 따라 문장의 의미와 성격이 결정되거든요. 그리고 어떤 문장 성분이 필요한지도 서술어가 결정해요. 이 중에서 오늘은 서술어의 종류에 대해 알아보고 연습해 볼게요.

서술어의 종류는 세 가지예요. 움직임을 나타내는 서술어 '어찌하다', 상태나 성질을 나타내는 서술어 '어떠하다', 정체를 나타내는 서술어 '무엇이다'가 있어요.

'어찌하다'에 속하는 말에는 '달리다, 가다, 뛰다, 기다, 먹다' 등이 있고,

'어떠하다'에 속하는 말에는 '푸르다, 밝다, 좋다, 아름답다, 작다' 등이 있어요.

'무엇이다'라는 서술어는 이름을 나타내는 모든 말에 '이다'를 붙이면 돼요.

이제 하나씩 익혀 볼까요?

'어찌하다'를 나타내는 서술어 연습

'어찌하다'는 움직임을 나타내는 말로 된 서술어예요. '달리다, 가다, 뛰다, 기다, 먹다, 하다, 자다, 짓다, 씻다' 등이 있어요. 주어가 어떤 행동을 하는지 말해 줘요.

1. 다음 낱말 중에서 움직임을 나타내는 말을 찾아 동그라미(○)를 쳐 보세요. (모두 6개)

만나다	예쁘다	자르다	외롭다	읽다
기다리다	노랗다	새롭다	보내다	놀다

 그림을 보고 문장의 밑줄 친 부분에 들어갈 서술어를 [보기]에서 골라 써 보세요.

> 보기   줍는다, 먹는다, 쓰다듬는다

2. 다람쥐가 도토리를 ＿＿＿＿＿＿＿＿.

3. 한새가 다람쥐의 머리를 ＿＿＿＿＿＿＿＿.

4. 은별이가 도토리를 ＿＿＿＿＿＿＿＿.

[보기]와 같이 주어진 말을 서술어로 하는 문장을 만들어 보세요.

도움 낱말의 형태를 조금 바꾸어도 좋아요. 예 가다 → 간다, 갔다, 갈 거다 등

> 보기   **가다** : 마루는 토요일에도 도장에 갔다.

5. **놀다** : ＿＿＿＿＿＿＿＿＿＿＿＿＿＿＿

6. **기다리다** : ＿＿＿＿＿＿＿＿＿＿＿＿＿＿＿

'어떠하다'를 나타내는 서술어 연습

'어떠하다'는 상태나 성질을 나타내는 말로 된 서술어예요. '푸르다, 밝다, 좋다, 아름답다, 작다, 차갑다, 상쾌하다, 조용하다' 등이 있어요. 주어의 모양, 크기, 상황 등을 말해 줘요.

7. 다음 낱말 중에서 상태나 성질을 나타내는 말을 찾아 동그라미(○)를 쳐 보세요. (모두 6개)

외롭다	뜨겁다	달리다	시끄럽다	씻다
말하다	귀엽다	마시다	동그랗다	곱다

 그림을 보고 문장의 밑줄 친 부분에 들어갈 서술어를 [보기]에서 골라 써 보세요.

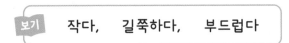

보기   작다,   길쭉하다,   부드럽다

8. 토끼의 털은 _____ .

9. 도토리는 당근보다 _____ .

10. 당근은 막대기처럼 _____

 [보기]와 같이 주어진 말을 서술어로 하는 문장을 만들어 보세요.
도움 낱말의 형태를 조금 바꾸어도 좋아요. 예 좋다 → 좋았다, 좋겠다 등

보기   **좋다** : 형이랑 같이 축구해서 기분이 <u>좋았다</u>.

11. **귀엽다** : _____

12. **시끄럽다** : _____

'무엇이다'를 나타내는 서술어 연습

'무엇이다'는 정체를 나타내는 서술어예요. 이름을 나타내는 모든 말에 '이다'를 붙이면
돼요. '꽃이다, 사람이다, 동물이다, 사랑이다, 밥이다' 등이 있어요.

13. 다음 문장의 밑줄 친 부분에 들어갈 수 <u>없는</u> 말을 두 개 고르세요.

타조는 ＿＿＿＿＿＿＿＿ 이다.

❶ 새　　　❷ 독수리　　　❸ 동물　　　❹ 빠르다

✏️ 그림을 보고 문장의 밑줄 친 부분에 들어갈 서술어를 [보기]에서 골라 써 보세요.

> **보기**　반장, 짝꿍, 외국인

14. 영어 선생님은 ＿＿＿＿＿＿＿＿ 이다.

15. 나래는 ＿＿＿＿＿＿＿＿ 이다.

16. 한새와 마루는 ＿＿＿＿＿＿＿＿ 이다.

✏️ 다음 문장의 밑줄 친 부분에 적절한 말을 넣어 문장을 완성해 보세요.

17. 내가 제일 좋아하는 음식은 ＿＿＿＿＿＿＿＿＿＿＿＿ 이다.

18. 나에게 꼭 필요한 학용품은 ＿＿＿＿＿＿＿＿＿＿＿＿ 이다.

05 일째 주어가 마주하는 말, 목적어

문장의 세 번째 주성분은 목적어예요.

목적어는 문장에서 '무엇을'에 해당하는 말로서, 서술어의 동작 대상이 되는 말이에요.

목적어는 앞말에 '을/를'을 붙여서 만들어요. 예를 들어 '마루가 토끼를 그린다.'라는 문장에서 목적어는 '토끼를'이에요. 이 말은 주어 '마루가' 무엇을 그리는지 구체적인 내용을 나타내 줘요.

목적어는 서술어 중에서 움직임을 나타내는 서술어와 함께 쓰여요. '뛰다, 걷다, 먹다, 보다' 등이 움직임을 나타내는 서술어인데, 이 중에서 '먹다'와 '보다'는 그 대상이 필요해요. '밥을 먹다', '꽃을 보다'처럼 먹는 대상과 보는 대상이 있어야 서술어의 내용이 완전해져요. 이때 먹는 대상인 '밥을'과 보는 대상인 '꽃을'이 목적어예요.

주어	+	목적어	+	서술어
한새는		젤리를		먹는다.
나래가		들꽃을		보았다.

이제 목적어가 들어간 문장을 익혀 볼까요?

목적어 찾기

목적어는 문장에서 '무엇을'에 해당하는 말이에요. 주어가 어떤 행동을 할 때 그 행동의 대상을 나타내 줘요.

 그림을 보고 목적어를 찾는 질문에 답해 보세요.

1. 은별이가 무엇을 먹나요?

→ 은별이가 _____ 을/를 먹는다.

2. 토끼는 무엇을 하고 있나요?

→ 토끼는 _____ 을/를 부르고 있다.

다음 문장에서 목적어를 나타내는 말을 찾아보세요.

3. 고양이가   물을   마셔요.
      ❶   ❷   ❸

4. 책을   많이   읽었어요.
     ❶   ❷   ❸

5. 나래가   빼꼼   얼굴을   내밀었습니다.
     ❶   ❷   ❸   ❹

목적어 만들기

목적어는 앞말에 '을/를'을 붙여서 만들어요. 앞말 끝소리에 받침이 있으면 '을'을 붙이고, 없으면 '를'을 붙여요.

 다음 문장에서 밑줄 친 부분에 들어갈 말을 [보기]에서 골라 써 보세요.

6. 한새는 새 모자 ＿＿＿＿＿＿ 썼어요.

7. 은별이는 체육복 ＿＿＿＿＿＿ 입고 학교에 갔다.

 그림을 보고 각 문장에 알맞은 목적어를 써 보세요.

8. 은별이가 ＿＿＿＿＿＿＿＿＿＿＿＿＿＿＿＿＿＿＿＿ 짠다.

9. 마루가 ＿＿＿＿＿＿＿＿＿＿＿＿＿＿＿＿＿＿＿＿ 접고 있다.

10. 나래는 ＿＿＿＿＿＿＿＿＿＿＿＿＿＿＿＿＿＿＿＿ 그린다.

11. 한새는 ＿＿＿＿＿＿＿＿＿＿＿＿＿＿＿＿＿＿＿＿ 들고 있다.

목적어와 서술어 연결하기

문장에서 목적어는 주어보다 서술어와 더 밀접하게 관련되어 있어요. 목적어는 서술어의 내용을 구체적으로 밝혀 주는 말이거든요. 목적어와 서술어가 어울리게 문장을 지어 보아요.

✏️ 다음 서술어와 어울리는 목적어를 찾아 연결해 보세요.

12. 정리하다. ●   ● ① 얼음물을

13. 마시다. ●   ● ② 장난감을

✏️ 다음 문장에서 밑줄 친 부분에 들어갈 적절한 서술어나 목적어를 자유롭게 써 보세요.

14. 형이 공을 _____ .

15. 수영이는 _____ 모은다.

16. 솔이는 이마에 맺힌 _____ 닦았다.

✏️ [보기]와 같이 주어진 말을 목적어로 하는 문장을 지어 보세요.

> 보기   우산 : 비가 내려서 <u>우산을</u> 썼다.

17. 사탕 : _____

18. 사진 : _____

주어를 돕는 말, 보어

문장의 네 번째 주성분은 보어예요.
보어는 문장에서 주어를 도와 서술어의 내용을 보충하는 말이에요.

보어의 형태는 주어와 비슷해요. 앞말에 '이/가'나 '은/는'을 붙여서 만들거든요. 예를 들어 '씨앗이 나무가 되다.'라는 문장에서 보어는 '나무가'예요. 이 말은 주어 '씨앗이' 무엇이 되었는지 구체적인 내용을 보충해요.

보어는 모든 문장에 쓰이는 게 아니라 특정한 서술어가 들어간 문장에 쓰여요. 바로 '되다'와 '아니다'가 서술어로 쓰인 문장이에요. 보어는 '되다'와 '아니다' 앞에 써요. 한마디로 말해 주어와 서술어 사이에 보어를 써요.

주어	+	보어	+	서술어
삼촌이		선생님이		되었다.
곰팡이는		식물이		아니다.

곰팡이는
뭐가
아닐까요?

이제 보어가 들어간 문장을 익혀 볼까요?

보어 찾기

보어는 문장에서 주어를 도와 서술어를 보충하는 말이에요. 서술어 '되다'와 '아니다' 앞에 쓰고 앞말에 '이/가'를 붙여서 만들어요.

 그림을 보고 보어를 찾는 질문에 답해 보세요.

1. 병아리가 무엇이 되었나요?

➡ 병아리가 ＿＿＿＿＿＿＿＿ 이/가 되었다.

2. 달은 무엇이 아닌가요?

➡ 달은 ＿＿＿＿＿＿＿＿ 이/가 아니다.

3. 다음 문장 중에서 보어가 <u>없는</u> 문장을 찾아보세요.

❶ 세균은 작은 미생물이다.

❷ 애벌레가 번데기가 된다.

❸ 고래는 물고기가 아니다.

 다음 문장에서 보어를 나타내는 말을 찾아보세요.

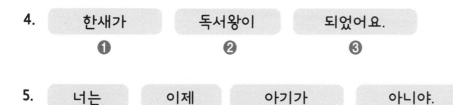

4.　　한새가　　독서왕이　　되었어요.
　　　　　❶　　　　❷　　　　❸

5.　　너는　　이제　　아기가　　아니야.
　　　　❶　　❷　　❸　　　❹

'되다'는 '성질이나 상태가 바뀌거나 변하다'는 뜻이에요. '되다'가 들어간 문장에는 주어가 변하여 무엇이 되었는지 보어를 꼭 써야 해요.

6. 다음 문장의 밑줄 친 부분에 들어갈 수 <u>없는</u> 말을 고르세요.

물이 _____ 되었다.

❶ 얼음이　　　❷ 바다를　　　❸ 수증기가

그림을 보고 글의 밑줄 친 부분에 들어갈 보어를 [보기]에서 골라 써 보세요.

> **보기**
>
> 밤이, 아침이,
> 놀이터가, 음악회장이

7. _____ 되자, 풀벌레들의 노랫소리가 들리기 시작했어요.

숲속은 금세 **8.** _____ 되었어요.

다음 문장에서 밑줄 친 부분에 들어갈 적절한 주어나 보어를 자유롭게 써 보세요.

9. _____ 거름이 되었다.

10. 소민이가 _____ 되었어요.

11. 농부의 땀방울이 _____ 되었습니다.

보어가 필요한 서술어 ② 아니다

'아니다'는 어떤 사실을 부정할 때 쓰는 말이에요. 사람들이 잘못 알고 있는 것을 바로잡아 줄 때 많이 써요. '아니다'가 들어간 문장에는 부정하는 게 무엇인지 보어를 꼭 써야 해요.

12. 다음 문장의 밑줄 친 부분에 어울리지 <u>않는</u> 말을 고르세요.

사람은 _____ 아니다.

❶ 기계가   ❷ 식물이   ❸ 인간이

✏️ 그림을 보고 글의 밑줄 친 부분에 들어갈 적절한 보어를 [보기]에서 골라 써 보세요.

> **보기**
>
> 개구리가, 두꺼비가,
> 해조류도, 물고기도

올챙이는 아직 **13.** _____ 아니에요. 그래서 네 다리가 없고 꼬리만

으로 헤엄치며 물속에서 살아요. 그렇다고 **14.** _____ 아니에요.

✏️ 다음 문장에서 밑줄 친 부분에 들어갈 적절한 보어를 자유롭게 써 보세요.

15. 수건으로 책상을 닦다니! 수건은 _____ 아니야.

16. 아직 해가 완전히 떨어지지는 않아서 _____ 아니다.

17. 친구의 흉을 보는 사람은 진짜 _____ 아니다.

2STEP schedule

2단계

영차영차

정확한 문장의 비법 익히기

07
일째

두 단어, 세 단어가 필요한 서술어

문장을 만들 때 꼭 필요한 성분이 네 가지가 있었어요. 주어, 서술어, 목적어, 보어예요.

그런데 어떤 서술어는 이 네 가지 주성분 외에 또 다른 말이 필요해요. 예를 들어 '닮다'라는 서술어를 볼까요? 이 말을 이용해 다음과 같이 문장을 만들었어요.

① 나는 닮았다.

② 나는 아빠와 닮았다.

위의 두 문장 중에서 ②가 그 뜻이 더 정확해요. '닮았다'라는 서술어는 주어 외에 주어가 누구와 닮았는지 그 대상도 함께 써 주어야 분명한 뜻을 전달할 수 있어요. 이런 서술어에는 아래와 같이 크게 두 종류가 있어요.

두 단어가 필요한 서술어	닮다, 같다, 비슷하다, 다르다, 나다, 생기다, 다니다 등

> **예문** 스파게티는 비빔국수와 비슷하다.
> 누나는 중학교에 다닌다.

세 단어가 필요한 서술어	주다, 보내다, 가르치다, 넣다, 놓다, 두다 등

> **예문** 동생이 과자를 서랍에 넣었다.
> 나는 짝꿍에게 선물을 줬다.

위에서 보듯, 두 단어가 필요한 서술어 문장은 '주어+또 다른 말+서술어' 순으로 쓰고, 세 단어가 필요한 서술어 문장은 '주어+목적어+또 다른 말+서술어'나 '주어+또 다른 말+목적어+서술어' 순으로 써요. 여기서 주어와 목적어를 뺀 또 다른 말에는 '와/과', '에/에게'가 붙어 있어요.

이제 두세 단어가 필요한 특별한 서술어 문장을 연습해 볼까요?

두 단어가 필요한 서술어 문장 연습

두 단어가 필요한 서술어에는 '닮다, 같다, 비슷하다, 다르다, 생기다, 나다, 다니다' 등이 있어요. '주어 + ~와/과 + 서술어'나 '주어 + ~에 + 서술어'의 구조로 문장을 만들어요.

✏️ 그림을 보고 질문에 답해 보세요.

1. 한새는 누구와 닮았나요?

➡ 한새는 ＿＿＿＿＿＿＿＿＿＿ 와/과 닮았다.

2. 흉터가 어디에 생겼나요?

➡ 흉터가 ＿＿＿＿＿＿＿＿＿＿ 에 생겼다.

✏️ 다음 문장의 밑줄 친 부분에 비교 대상(~와/과)이 되는 말을 자유롭게 써 보세요.

3. 고구마는 ＿＿＿＿＿＿＿＿＿＿ 다르다.

4. 나는 ＿＿＿＿＿＿＿＿＿ 키가 같다.

✏️ [보기]와 같이 주어진 서술어가 필요한 말을 모두 갖춘 문장을 만들어 보세요.

| 보기 | 나다 : 잡초가 담장 밑에 났어요. |

5. **비슷하다** : ＿＿＿＿＿＿＿＿＿＿＿＿＿＿＿＿＿＿＿＿＿＿＿＿＿＿＿

6. **다니다** : ＿＿＿＿＿＿＿＿＿＿＿＿＿＿＿＿＿＿＿＿＿＿＿＿＿＿＿

세 단어가 필요한 서술어 문장 연습 ①

세 단어가 필요한 서술어에는 '주다, 보내다, 가르치다, 배우다, 묻다' 등이 있어요. '주어 + ~에게/에 + 목적어 + 서술어'의 구조로 문장을 만들어 보아요.

 그림을 보고 질문에 답해 보세요.

7. 은별이가 누구에게 편지를 주었나요?

→ 은별이는 ＿＿＿＿＿＿＿＿＿ 에게 편지를 주었다.

8. 마루가 누구에게 한자를 묻고 있나요?

→ 마루가 ＿＿＿＿＿＿＿＿＿ 에게 한자를 묻고 있다.

 다음 문장의 밑줄 친 부분에 '누구에게'와 '무엇을'에 해당하는 말을 자유롭게 써 보세요.

9. 한새가 짝꿍에게 ＿＿＿＿＿＿＿＿＿ 주었다.

10. 나는 ＿＿＿＿＿＿＿＿＿ 편지를 보냈다.

 [보기]와 같이 주어진 서술어가 필요한 말을 모두 갖춘 문장을 만들어 보세요.

> **보기** 　**가르치다** : 선생님이 어린이들에게 영어를 가르쳐요.

11. 　배우다　 : ＿＿＿＿＿＿＿＿＿＿＿＿＿＿＿＿＿＿＿＿＿＿＿

12. 　묻다　 : ＿＿＿＿＿＿＿＿＿＿＿＿＿＿＿＿＿＿＿＿＿＿＿

세 단어가 필요한 서술어 문장 연습 ②

세 단어가 필요한 서술어에는 '넣다, 놓다, 두다, 버리다, 보관하다, 꺼내다, 빼다, 고르다' 등이 있어요. '주어 + 목적어 + ~에/에서 + 서술어'의 구조로 문장을 만들어 보아요.

✏️ 그림을 보고 질문에 답해 보세요.

13. 나래가 연필을 어디에 넣었나요?

→ 나래가 연필을 ＿＿＿＿＿＿＿＿＿ 에 넣었다.

14. 한새가 필통을 어디에서 꺼냈나요?

→ 한새가 필통을 ＿＿＿＿＿＿＿＿＿ 에서 꺼냈다.

✏️ 다음 문장의 밑줄 친 부분에 '어디에서'와 '무엇을'에 해당하는 말을 자유롭게 써 보세요.

15. 한새가 장난감을 ＿＿＿＿＿＿＿＿＿ 골랐다.

16. 나는 ＿＿＿＿＿＿＿＿＿ 책상 위에 놓았다.

✏️ [보기]와 같이 주어진 서술어가 필요한 말을 모두 갖춘 문장을 만들어 보세요.

> 보기　　　**두다** ： 주아는 책가방을 의자 밑에 두었어요.

17. 　**보관하다**　：
＿＿＿＿＿＿＿＿＿＿＿＿＿＿＿＿＿＿＿＿＿＿＿＿＿＿＿

18. 　**버리다**　：
＿＿＿＿＿＿＿＿＿＿＿＿＿＿＿＿＿＿＿＿＿＿＿＿＿＿＿

08 일째 다섯 가지 문장을 만드는 서술어의 변신

다른 사람과 대화할 때, 서술어를 어떤 형태로 쓰느냐에 따라 내 생각을 더 정확하게 전달할 수 있어요. 이때 서술어의 형태에 따라 다음과 같이 문장의 종류를 나눌 수 있어요.

기본형	활용	문장의 종류
보다	본다.	평서문
	보니?	의문문
	보라.	명령문
	보자.	청유문
	보는구나!	감탄문

위에서 보는 것처럼 '보다'라는 말을 어떻게 표현하느냐에 따라 다섯 가지 문장이 만들어져요.

먼저 서술어가 '−다'로 끝나면 평서문이에요. 하고 싶은 말을 평범하고 단순하게 설명하는 문장이에요.

서술어가 '−냐, −니, 까' 등으로 끝나면 의문문이에요. 상대방에게 질문하여 대답을 요구하는 문장이에요. 의문문에는 물음표(?)를 써요.

서술어가 '−라'로 끝나면 명령문이에요. 상대방에게 무엇을 시키는 문장이에요.

서술어가 '−자'로 끝나면 청유문이에요. 상대방에게 같이 하자고 제안하는 문장이에요.

서술어가 '−구나'로 끝나면 감탄문이에요. 자기 느낌을 표현하는 문장이에요. 감탄문에는 느낌표(!)를 써요.

이제 다섯 가지 문장의 종류에 따라 서술어의 변신을 익혀 보아요.

서술어의 변신 익히기

문장에서 서술어의 끝부분을 어떻게 표현하느냐에 따라 문장의 종류도 다섯 가지로 나뉘어요. '-다', '-냐', '-라', '-자', '-구나' 등이지요. 다음 단어들의 끝부분을 바꿔 보아요.

 [보기]와 같이 주어진 서술어를 문장의 종류에 따라 바꿔 써 보세요.

보기

기본형	문장의 종류	활용
먹다	평서문	먹는다.
	의문문	먹니?
	명령문	먹어라.
	청유문	먹자.
	감탄문	먹는구나!

1. '가다' 바꾸기

가다	평서문	
	의문문	가니?
	명령문	
	청유문	
	감탄문	

2. '놀다' 바꾸기

놀다	평서문	
	의문문	
	명령문	놀아라.
	청유문	
	감탄문	

3. '읽다' 바꾸기

읽다	평서문	
	의문문	
	명령문	
	청유문	읽자.
	감탄문	

4. '만들다' 바꾸기

만들다	평서문	
	의문문	
	명령문	
	청유문	
	감탄문	만드는구나!

평서문, 의문문, 감탄문을 만드는 서술어 연습

평서문, 의문문, 감탄문을 만드는 서술어는 각각 '-다', '-니', '-구나'예요. 이 외에도 몇 가지가 더 있어요. 문제를 풀면서 익혀 보아요.

✏️ [보기]와 같이 주어진 서술어를 문장의 종류에 따라 세 가지 모양으로 바꿔 써 보세요.

> **보기**
>
> 먹다　　① 평서문 : 먹었다.　먹겠다.　먹습니다.
>
> 　　　　② 의문문 : 먹을까?　먹었어?　먹었느냐?

5. 읽다　① 평서문 : ＿＿＿＿＿, ＿＿＿＿＿, ＿＿＿＿＿

　　　　　② 의문문 : ＿＿＿＿＿, ＿＿＿＿＿, ＿＿＿＿＿

6. 놀다　① 평서문 : ＿＿＿＿＿, ＿＿＿＿＿, ＿＿＿＿＿

　　　　　② 의문문 : ＿＿＿＿＿, ＿＿＿＿＿, ＿＿＿＿＿

✏️ [보기]와 같이 평서문을 의문문과 감탄문으로 바꿔 써 보세요.

> **보기**
>
> 평서문 : 사과가 잘 익었다.
>
> ① 의문문 : 사과가 잘 익었니?
>
> ② 감탄문 : 사과가 잘 익었구나!

7. 평서문 : 비행기가 날아간다.

① 의문문 : ＿＿＿＿＿＿＿＿＿＿

② 감탄문 : ＿＿＿＿＿＿＿＿＿＿

명령문, 청유문을 만드는 서술어 연습

명령문과 청유문을 만드는 서술어는 '가다, 먹다'와 같이 동작이나 움직임을 나타내는 말만 쓰여요. '귀엽다, 파랗다'와 같이 상태나 성질을 나타내는 말은 쓸 수 없어요.

8. 다음 명령문 중에서 <u>어색한</u> 서술어 표현이 들어간 명령문을 고르세요.

  ❶ 이제 그만 집에 <u>가거라</u>.

  ❷ 얼른 세수하고 <u>자거라</u>.

  ❸ 이 옷을 입고 <u>예쁘거라</u>.

9. 다음 청유문 중에서 <u>어색한</u> 서술어 표현이 들어간 청유문을 고르세요.

  ❶ 놀이터까지 <u>뛰어가자</u>.

  ❷ 우리 성격이 <u>부드럽자</u>.

  ❸ 우산 좀 같이 <u>쓰자</u>.

✏️ [보기]와 같이 명령문은 청유문으로, 청유문은 명령문으로 바꿔 써 보세요.

> **보기**
>
> **명령문** 좀 더 빨리 달려라. ➡ **청유문** 좀 더 빨리 달리자.
>
> **청유문** 이 중에서 마음대로 고르자. ➡ **명령문** 이 중에서 마음대로 골라라.

10. **명령문** 다음에는 친구를 데리고 와라.

  ➡ **청유문** _____

11. **청유문** 모두 함께 손을 잡자.

  ➡ **명령문** _____

바른 문장을 쓰려면 어휘의 뜻을 제대로 알고 알맞게 써야 해요. 하지만 평소 발음을 틀리게 하거나 아예 뜻을 잘못 아는 경우가 많아요. 다음 어휘들을 평소 알맞게 쓰는지 그 뜻을 정확히 확인해 보세요.

①	갔다	'가다(이동하다)'의 과거형.
	같다	서로 다르지 않다.

②	가르치다	지식을 알게 하다.
	가리키다	손가락으로 방향을 집다.

③	낫다	병이 고쳐지다. 더 좋다.
	낳다	새끼를 몸 밖으로 내놓다.

④	너머	가로막힌 경계의 저쪽.
	넘어	기준이나 한계를 벗어나.

⑤	늘이다	길게 하다.
	늘리다	수나 양을 많게 하다.

⑥	다르다	같지 않다.
	틀리다	어긋나다.

⑦	드리다	'주다'의 높임말.
	들이다	밖에서 안으로 오게 하다.

⑧	띠다	감정이나 기운을 나타내다.
	띄다	눈에 보이다.

⑨	맞추다	나란히 놓고 비교하다.
	맞히다	옳은 답을 내다.

⑩	메다	어깨에 걸치다.
	매다	줄을 엇걸어 매듭을 짓다.

이제 위 어휘들을 문장 속에서 확실하게 익혀 보아요.

어휘 뜻 바로 알기

앞쪽에서 뜻이 헷갈리는 어휘들을 살펴보았어요. 문제를 풀면서 다시 한번 정확한 뜻을 새겨 보아요.

주어진 어휘의 뜻에 해당하는 내용을 골라 바르게 연결해 보세요.

1. 갔다 ●   ● ① 줄을 엇걸어 매듭을 짓다.

2. 같다 ●   ● ② 이동하다.

3. 메다 ●   ● ③ 서로 다르지 않다.

4. 매다 ●   ● ④ 어깨에 걸치다.

다음 뜻을 가진 낱말을 둘 중에서 고르세요.

5. 뜻 병이 고쳐지다.   ❶ 낫다   ❷ 낳다

6. 뜻 양을 많게 하다.   ❶ 늘이다   ❷ 늘리다

7. 뜻 어긋나다.   ❶ 다르다   ❷ 틀리다

8. 뜻 지식을 알게 하다.   ❶ 가르치다   ❷ 가리키다

잘못 쓴 어휘 고치기

'글자를 가르쳐 주다.'가 맞을까요, '글자를 가리켜 주다.'가 맞을까요? 모르는 것을 알게 해 주는 거라면 앞의 문장이 맞아요. 이렇게 문장에서 잘못 쓴 어휘를 찾아보아요.

✏️ 다음 대화에서 어휘를 제대로 쓴 사람을 골라 동그라미(○) 쳐 보세요.

9.

한새:
나래가 정답을 <u>맞혔어요</u>. (   )

은별:
나래가 정답을 <u>맞췄어요</u>. (   )

10.

나래:
한새 그림과 은별이 그림은 <u>틀려</u>. (   )

마루:
한새 그림과 은별이 그림은 <u>달라</u>. (   )

✏️ 다음 문장에서 밑줄 친 어휘를 바르게 고쳐 써 보세요.

11. 할아버지께 꿀을 갖다<u>들이고</u> 왔다. ⟶ ＿＿＿＿＿＿＿＿＿＿

12. 도둑이 담을 <u>너머</u> 들어온 것 같아요. ⟶ ＿＿＿＿＿＿＿＿＿

13. 마루는 독감이 빨리 <u>낳기</u>를 손꼽아 기다렸다. ⟶ ＿＿＿＿＿＿＿＿

14. 얼굴에 환한 미소를 <u>띄었다</u>. ⟶ ＿＿＿＿＿＿＿＿＿

어휘 알맞게 쓰기

바른 문장에는 바른 어휘가 들어가겠죠? 어휘의 뜻을 정확히 알고 문장에 사용하여 바른 문장을 만들어 보아요.

✏️ 다음 문장에서 밑줄 친 부분에 들어갈 알맞은 말을 [보기]에서 골라 써 보세요.

| 보기 | 메고 | 매고 | 갔고 | 같고 | 늘려 | 늘여 |

15. 아기는 얼굴이 호빵 _____, 눈은 강아지 같았다.

16. 우리 형은 항상 책가방을 한쪽 어깨에 _____ 다닌다.

17. 오리가 목을 길게 _____ 하늘을 바라보며 꽥꽥거렸다.

18. 제가 반장이 되면 학급 도서를 조금씩 _____ 가겠습니다.

✏️ [보기]와 같이 주어진 말을 알맞게 활용하여 문장을 만들어 보세요.

| 보기 | 가르치다 : 언니가 알파벳을 어떻게 쓰는지 <u>가르쳐</u> 주었다. |

19. 다르다 : _____

20. 틀리다 : _____

21. 맞추다 : _____

22. 가리키다 : _____

문장의 뜻에 알맞은 어휘 쓰기 ②

앞에서 뜻을 잘못 알고 있는 어휘들을 두 개씩 묶어 총 열 가지 경우를 익혀 보았어요. 이 번에도 이에 이어서 잘못 쓰는 어휘들을 좀 더 알아보고 그 뜻을 정확하게 확인해 보아요.

⑪
바라다	생각이 이루어지길 원하다.
바래다	색이 변하다.

⑫
바치다	정중하게 드리다.
받치다	물건의 밑을 대다.

⑬
반드시	꼭.
반듯이	반듯하게.

⑭
부치다	편지나 물건을 보내다.
붙이다	맞닿게 하다.

⑮
어떻게	어떠하게.
어떡해	'어떻게 해'가 줄어든 말.

⑯
웬	어찌 된. 어떠한.
왠지	왜 그런지 모르게.

⑰
이따가	조금 지난 뒤에.
있다가	(어느 곳에) 머물다가.

⑱
작다	크기가 보통보다 덜하다.
적다	양이 보통보다 덜하다.

⑲
껍질	겉을 싼 단단하지 않은 물질.
껍데기	겉을 싼 단단한 물질.

⑳
햇빛	해의 빛.
햇볕	해가 내리쬐는 뜨거운 기운.

이제 위 어휘들을 문장 속에서 확실하게 익혀 보아요.

어휘 뜻 바로 알기

앞쪽에서 뜻이 헷갈리는 어휘들을 알아보았어요. 문제를 풀면서 다시 한번 정확한 뜻을 새겨 보아요.

주어진 어휘의 뜻에 해당하는 내용을 골라 바르게 연결해 보세요.

1. 바라다 ●   ● ① 색이 변하다.

2. 바래다 ●   ● ② 편지나 물건을 보내다.

3. 부치다 ●   ● ③ 맞닿게 하다.

4. 붙이다 ●   ● ④ 생각이 이루어지길 원하다.

다음 뜻을 가진 낱말을 둘 중에서 고르세요.

5. 뜻 양이 보통보다 덜하다.   ❶ 작다   ❷ 적다

6. 뜻 해가 내리쬐는 뜨거운 기운.   ❶ 햇빛   ❷ 햇볕

7. 뜻 겉을 싸고 있는 단단한 물질.   ❶ 껍질   ❷ 껍데기

8. 뜻 꼭.   ❶ 반드시   ❷ 반듯이

잘못 쓴 어휘 고치기

'귤껍질'이 맞을까요, '귤껍데기'가 맞을까요? 겉을 싸고 있는 것이 단단하지 않으면 껍질이라고 해요. 그럼 '귤껍질'이 맞는 말이죠. 이렇게 잘못 쓴 어휘를 찾아보아요.

✏️ 다음 대화에서 어휘를 제대로 쓴 사람을 골라 동그라미(◯) 쳐 보세요.

9.

한새:
마루 모자가 좀 <u>적은</u> 것 같아. (　　)

은별:
마루 모자가 좀 <u>작은</u> 것 같아. (　　)

10.

나래:
은별이가 물컵을 손으로 <u>받치고</u> 있어. (　　)

마루:
은별이가 물컵을 손으로 <u>바치고</u> 있어. (　　)

✏️ 다음 문장에서 밑줄 친 어휘를 바르게 고쳐 써 보세요.

11. 갑자기 소리를 지르면 <u>어떻게</u>? ➞ _____

12. <u>왠</u> 책이 이렇게 많아요? ➞ _____

13. 지금은 사람이 많으니까 <u>있다가</u> 얘기하자. ➞ _____

14. 네가 1등 하기를 <u>바래</u>. ➞ _____

어휘 알맞게 쓰기

어휘의 뜻을 정확히 알면 바른 문장을 쓸 수 있어요. 어휘를 문장에 알맞게 사용하여 바른 문장을 만들어 보아요.

✏️ 다음 문장에서 밑줄 친 부분에 들어갈 알맞은 말을 [보기]에서 골라 써 보세요.

> **보기** | 웬 | 왠지 | 햇빛 | 햇볕 | 반드시 | 반듯이

15. 이번 달리기 경주에서는 _____ 1등을 하고 말 테야.

16. 의자에 앉을 때는 _____ 앉으렴.

17. 갑자기 하늘이 어두워지자 _____ 불길한 예감이 들었다.

18. _____ 이 따뜻해서 나들이하기 좋다.

✏️ [보기]와 같이 주어진 말을 알맞게 활용하여 문장을 만들어 보세요.

> **보기** 껍데기 : 달걀 <u>껍데기</u>에 사인펜으로 그림을 그렸다.

19. 껍질 : _____

20. 부치다 : _____

21. 붙이다 : _____

22. 바치다 : _____

알쏭달쏭 헷갈리는 띄어쓰기

정확한 문장을 쓰는 마지막 비법은 띄어쓰기를 제대로 하는 거예요. 띄어쓰기를 제대로 하지 않으면 문장의 뜻을 정확하게 전달할 수 없거든요. 다음 문장들을 비교해 보세요.

① 토끼가방으로들어갔다.

② 토끼 가방으로 들어갔다.

③ 토끼가 방으로 들어갔다.

①은 띄어쓰기가 하나도 안 되어 있어요. 그래서 무슨 뜻인지 정확하지 않아요. ②는 '토끼' '가방으로' '들어갔다'를 띄어 썼어요. 토끼가 가방으로 들어갔다는 뜻인지, 누가 '토끼 가방'으로 들어갔다는 뜻인지 분명하지 않아요. ③은 '토끼가' '방으로' '들어갔다'를 띄어 썼어요. 이 문장은 보이는 그대로 토끼가 방으로 들어갔다는 뜻을 정확하게 전달해요.

우리말은 단어와 단어 사이를 띄어 쓰는 것이 원칙이에요. 예를 들어 '파란하늘을보라.'라는 문장에서 단어는 '파란', '하늘을', '보라'이기 때문에 띄어 써요. '파란 하늘을 보라.'라고 말이에요.

그런데 어떤 말들은 단어인지 아닌지 헷갈려요. '이제 말할 수 있다.'에서 '수'와 같은 단어예요. 이런 단어들도 함께 알아보며 띄어쓰기를 연습해 보아요.

단어와 단어 사이 띄어쓰기 연습

단어와 단어 사이는 띄어 써야 해요. 단어는 '하늘, 파랗다, 하나, 달리다, 매우, 예쁘'과 같이 홀로 쓰이면서 뜻을 가진 말이에요.

다음 중 띄어쓰기가 올바른 것을 고르세요.

1. ❶ 내친구   ❷ 내 친구

2. ❶ 한마리   ❷ 한 마리

3. ❶ 책이다.   ❷ 책 이다.

다음 문장에서 띄어 써야 하는 부분에 [보기]와 같이 띄어쓰기 표시(✔)를 해 보세요.

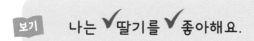

보기   나는 ✔딸기를 ✔좋아해요.

4. 나무가쑥쑥자란다.

5. 지루한책을읽었다.

6. 우리같이학교에가자.

7. 체육시간에줄넘기를했다.

꼭 띄어 써야 하는 단어 연습

의존 명사는 앞말에 기대어 쓰이는 단어로 띄어 써요. '먹을 수 있다.'에서 '먹을'에 기대어 쓰인 '수'가 의존 명사예요. 그 외에 '것, 척, 뿐, 만큼, 대로' 등도 있어요.

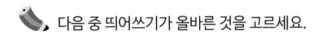 다음 중 띄어쓰기가 올바른 것을 고르세요.

8. ❶ 갈수 있다.   ❷ 갈 수 있다.

9. ❶ 올것이다.   ❷ 올 것이다.

10. ❶ 자는 척했다.   ❷ 자는척 했다.

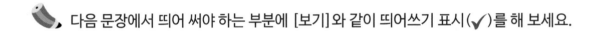 다음 문장에서 띄어 써야 하는 부분에 [보기]와 같이 띄어쓰기 표시(✔)를 해 보세요.

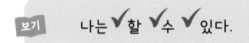

보기   나는 ✔할 ✔수 ✔있다.

11. 학교에서연을만들것이다.

12. 얼굴만봤을뿐이다.

13. 먹을만큼먹어라.

14. 지칠대로지쳤다.

꼭 붙여 써야 하는 단어 연습

조사는 앞말에 붙여 써요. '밖에, 은커녕, 부터, 에서, 처럼' 등이 있어요. 그런데 의존 명사로 배운 '뿐, 만큼, 대로'는 조사로 쓰이기도 해요. 보통 조사를 명사에 붙여 쓰는 것처럼 명사 뒤에 오는 '뿐, 만큼, 대로'는 앞말에 붙여 써요.

✏️ 다음 중 띄어쓰기가 올바른 것을 고르세요.

15. ❶ 너밖에없어.   ❷ 너밖에 없어.

16. ❶ 책은커녕   ❷ 책은 커녕

17. ❶ 오늘부터   ❷ 오늘 부터

✏️ 다음 문장에서 띄어 써야 하는 부분에 [보기]와 같이 띄어쓰기 표시(✓)를 해 보세요.

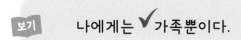

18. 운동장에서축구를했다.

19. 마음이바다처럼넓다.

20. 언니만큼옷을샀어.

21. 규칙대로청소를했다.

3STEP schedule

12일째	☐	사람이나 사물 꾸미기
13일째	☐	움직임이나 상태 꾸미기
14일째	☐	의성어와 의태어로 꾸미기
15일째	☐	길게 꾸미기
16일째	☐	빗대어 표현하는 문장 만들기
17일째	☐	육하원칙에 따라 문장 만들기
18일째	☐	두 문장을 이어서 한 문장으로 만들기

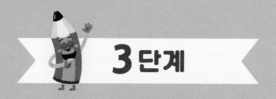

3단계

반짝반짝

생생하고 자세한
문장 만들기

12 일째 사람이나 사물 꾸미기

문장에 꾸미는 말을 넣으면 내용을 더 생생하게 표현할 수 있어요. '운동화가 멋있다.'라고 하는 것보다 '새 운동화가 멋있다.'라고 하거나 '반짝이는 운동화가 멋있다.'라고 하면 어떤 운동화인지까지 더 생생하게 전달할 수 있어요.

꾸미는 말은 크게 두 종류가 있어요. 사람이나 사물을 꾸미는 말과 움직임이나 상태를 꾸미는 말이에요. 먼저 사람이나 사물을 꾸미는 말에 대해 알아볼게요.

사람이나 사물을 꾸미는 말은 '**어떤** 사람/사물'이나 '**어찌하는** 사람/사물'의 꼴로 표현해요. 여기서 '어떤'과 '어찌하는'에 해당하는 말이 꾸미는 말이에요. 이처럼 꾸미는 말은 꾸밈을 받는 말 앞에 써요. 다음의 예시에서 확인해 볼까요?

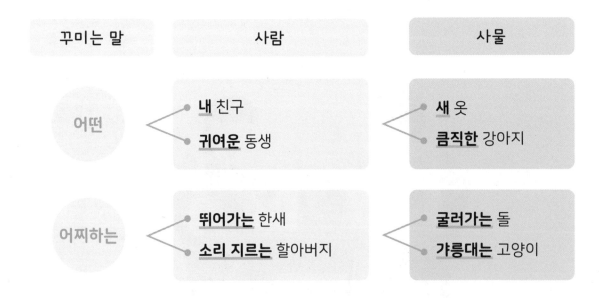

꾸미는 말	사람	사물
어떤	**내** 친구 **귀여운** 동생	**새** 옷 **큼직한** 강아지
어찌하는	**뛰어가는** 한새 **소리 지르는** 할아버지	**굴러가는** 돌 **갸릉대는** 고양이

이제 사람이나 사물을 꾸미는 말을 넣어 문장을 만드는 연습을 해 보아요.

사람이나 사물을 꾸미는 말 알기

사람이나 사물을 꾸미는 말은 '어떤 사람/사물', '어찌하는 사람/사물'의 형태로 표현해요.
여기서 '어떤'과 '어찌하는'에 해당하는 말이 사람이나 사물을 꾸미는 말이에요.

 그림을 보고 질문에 답해 보세요.

1. 한새는 어떤 토끼를 보고 있나요?

➡ 한새는 털이 _____ 토끼를 보고 있어요.

2. 한새는 어찌하는 토끼를 보고 있나요?

➡ 한새는 깡충깡충 _____ 토끼를 보고 있어요.

 다음 문장에서 네모 칸 안에 있는 낱말을 꾸미는 말을 고르세요.

3. 저기서   헤엄치는   꼬마 가   제   동생이에요.
　　　❶　　　❷　　　　　　❸　　❹

4. 너덜너덜해진   책 은   이제   어떻게   하지?
　　　❶　　　　　　　　　❷　　❸　　　❹

 다음 문장의 (　) 안에 들어갈 말 중 적절하지 <u>않은</u> 말을 하나 고르세요.

5. (_____) **다리**가 보이지 않을 정도로 빨리 달렸어요.

　❶ 긴　　❷ 높이　　❸ 짧은　　❹ 통통한

6. 아줌마는 (_____) **골목**을 지나 장난감 가게 안으로 들어갔어요.

　❶ 좁은　　❷ 어두운　　❸ 깨끗하게　　❹ 구불구불한

'어떤 사람/사물' 형태로 꾸미는 문장에서 '어떤'은 꾸밈을 받는 사람이나 사물의 성질이나 상태 등을 구체적으로 나타내 줘요. 이를 표현하는 낱말을 문장에서 활용해 보아요.

주어진 문장을 [보기]와 같이 꾸미는 형태로 바꿔 보세요.

> **보기** 하늘이 맑다. ➡ 맑은 하늘

7. 아기가 우람하다. ➡ _____

8. 발걸음이 가볍다. ➡ _____

9. 방이 어수선하다. ➡ _____

주어진 문장의 밑줄 친 부분에 들어갈 적절한 말을 [보기]에서 골라 써 보세요.

> **보기** 심각한 │ 큼직한 │ 푸짐한 │ 어두컴컴한

10. 선생님이 _____ 표정으로 우리들을 보았다.

11. _____ 오두막집 안을 들여다보았다.

12. _____ 밥상을 보자 침이 절로 나왔다.

13. 주어진 말 중에 하나를 골라 꾸미는 말이 들어간 문장을 만들어 보세요.

> 새, 헌 : _____

'어찌하는 사람/사물' 형태로 꾸미기

'어찌하는 사람/사물' 형태로 꾸미는 문장에서 '어찌하는'은 꾸밈을 받는 사람이나 사물의 동작이나 움직임을 구체적으로 나타내 줘요. 이를 표현하는 낱말을 문장에서 활용해 보아요.

✏️ 주어진 문장을 [보기]와 같이 꾸미는 형태로 바꿔 보세요.

[보기]　기차가 달린다.　➡️　달리는 기차

14. 새가 지저귄다. ➡️
_____

15. 공이 굴러간다. ➡️
_____

16. 친구가 미소를 짓는다. ➡️
_____

✏️ 주어진 문장의 밑줄 친 부분에 들어갈 적절한 말을 [보기]에서 골라 써 보세요.

[보기]　읽는 │ 마시는 │ 말하는 │ 태어나는

17. 사람에게 _____ 새를 보았어.

18. 책을 _____ 선생님이 행복해 보였다.

19. 편의점 앞에서 물을 _____ 아저씨에게 물어보자.

20. 주어진 말 중에 하나를 골라 꾸미는 말이 들어간 문장을 만들어 보세요.

웃는, 우는 ：
_____

움직임이나 상태 꾸미기

움직임이나 상태를 나타내는 말은 보통 문장에서 서술어로 쓰여요. 움직임을 나타내는 서술어는 '어찌하다'의 형태를 띠고, 상태를 나타내는 서술어는 '어떠하다'의 형태를 띠어요.

움직임이나 상태를 꾸미는 말은 보통 '**어떻게** 어찌하다(움직임)'나 '**어느 정도** 어떠하다(상태)'의 꼴로 표현해요. 여기서 '어떻게'와 '어느 정도'에 해당하는 말이 꾸미는 말이에요. 예를 들어 각각 '<u>부리나케</u> 뛰어가다.'와 '<u>무척</u> 좋아하다.'와 같이 써요.

그런데 이 경우에도 꾸미는 말은 꾸밈을 받는 말 앞에 쓰지만, 꼭 바로 앞에만 써야 하는 건 아니에요. 다음에서 확인해 볼까요?

어떻게 + 어찌하다(움직임)
- 나는 집으로 **부리나케 뛰어갔어요.** / 나는 **부리나케** 집으로 **뛰어갔어요.**

어느 정도 + 어떠하다(상태)
- 나는 잠자는 걸 <u>무척</u> **좋아해요.** / 나는 <u>무척</u> 잠자는 걸 **좋아해요.**

위에서 보듯 '어떻게'에 해당하는 '부리나케'와 '어느 정도'에 해당하는 '무척'의 자리를 보면, 서술어 바로 앞에 쓰기도 하고 그보다 한두 단어 더 앞에 쓰기도 했어요. 어느 자리에 쓰는 것이 적절한지는 전체 문장을 소리 내어 읽어 보고 결정하면 돼요.

이제 움직임이나 상태를 꾸미는 말을 넣어 문장을 만드는 연습을 해 보아요.

움직임이나 상태를 꾸미는 말 알기

움직임이나 상태를 꾸미는 말은 '어떻게 어찌하다', '어느 정도 어떠하다'의 형태로 표현해요. 여기서 '어떻게'와 '어느 정도'에 해당하는 말이 움직임이나 상태를 꾸미는 말이에요.

✏️ 왼쪽의 꾸미는 말의 뜻을 오른쪽에서 찾아 바르게 연결해 보세요.

1. 골똘히 ●

2. 샅샅이 ●

3. 살포시 ●

4. 가까스로 ●

● ① 포근하게 살며시

● ② 애를 써서 매우 고생스럽게

● ③ 한 가지 일에 온 정신을 쏟아 다른 생각이 없이

● ④ 빈틈없이 하나도 빠뜨리지 않고 모두

✏️ 다음 문장에서 네모 칸 안에 있는 낱말을 꾸미는 말을 고르세요.

도움 '어떻게'에 해당하는 말

5. 나래는   전화를   받고   급히   뛰어갔어요.
   ❶   ❷   ❸   ❹

6. 마루는   서둘러   집을   나섰어요.
   ❶   ❷   ❸

7. 다음 문장의 ( ) 안에 들어갈 말 중 어울리지 <u>않는</u> 말을 하나 고르세요.

토토 할머니의 정원은 (＿＿＿＿＿＿＿) 넓었어요.

❶ 아주   ❷ 무척   ❸ 일찍   ❹ 매우

움직임을 꾸미는 '어떻게 + 어찌하다' 연습

움직임을 꾸미는 '어떻게 + 어찌하다'의 형태에서 '어떻게'는 방법, 형편, 모양 등을 구체적으로 나타내 줘요. 이를 표현하는 낱말을 문장에서 활용해 보아요.

주어진 낱말을 [보기]와 같이 꾸미는 말로 바꿔 문장을 완성해 보세요.

> **보기**   **빠르다**   : 기차가 **빨리** 달려요.

8. **날쌔다** : 다람쥐가 나무 위로 ＿＿＿＿＿＿＿＿＿ 올라갔어요.

9. **깨끗하다** : 책상 위를 ＿＿＿＿＿＿＿＿＿ 청소했어요.

주어진 문장의 밑줄 친 부분에 들어갈 알맞은 말을 [보기]에서 골라 써 보세요.

> **보기**   슬며시 | 살살이 | 나지막이 | 가까스로

10. 지수는 ＿＿＿＿＿＿＿＿＿ 교실 뒷문을 열고 들어갔다.

11. 기차가 떠나기 전 ＿＿＿＿＿＿＿＿＿ 역에 도착했다.

12. 까마귀는 보물 상자 안을 ＿＿＿＿＿＿＿＿＿ 뒤졌다.

13. 주어진 말 중에 하나를 골라 꾸미는 말이 들어간 문장을 만들어 보세요.

> 꾸준히, 골똘히

＿＿＿＿＿＿＿＿＿＿＿＿＿＿＿＿＿＿＿＿＿＿＿＿＿＿＿＿＿＿＿＿＿

상태를 꾸미는 '어느 정도 + 어떠하다' 연습

　　상태를 꾸미는 '어느 정도 + 어떠하다'의 형태에서 '어느 정도'는 말 그대로 정도를 나타내 줘요. 이를 표현하는 낱말을 문장에서 활용해 보아요.

✏️ 왼쪽의 꾸미는 말의 뜻을 오른쪽에서 찾아 바르게 연결해 보세요.

14. 너무 ●

15. 몹시 ●

16. 정말 ●

　　● ① 말 그대로 매우

　　● ② 정해진 정도나 한계에 지나치게

　　● ③ 더할 수 없이 심하게

✏️ 주어진 문장의 밑줄 친 부분에 들어갈 알맞은 말을 [보기]에서 골라 써 보세요.

보기 　 몹시 | 너무 | 아주 | 정말

17. 약속 시각보다 ＿＿＿＿＿＿＿＿＿＿ 늦게 도착했다.

18. 눈이 오는데 바람까지 불어서 날씨가 ＿＿＿＿＿＿＿＿＿＿ 추웠다.

19. 가르쳐 주셔서 ＿＿＿＿＿＿＿＿＿ 고맙습니다.

20. 주어진 말 중에 하나를 골라 꾸미는 말이 들어간 문장을 만들어 보세요.

　　참 , 조금

14 일째 의성어나 의태어로 꾸미기

우리말에는 의성어와 의태어가 아주 많아요. 의성어는 소리를 흉내 낸 말이고, 의태어는 움직임이나 모양을 흉내 낸 말이에요.

문장에 의성어와 의태어를 쓰면 생동감을 전해 줄 수 있어요. '몸을 떨었다.'보다 '부르르 몸을 떨었다.'라고 쓰면 떠는 모습까지 생생하게 전달되지요. 의성어와 의태어에 어떤 말들이 있는지 뜻과 함께 간단히 알아보아요.

의성어	의태어
●**끌끌** : 못마땅하여 혀를 차는 소리.	●**바짝**: 가까이 달라붙는 모양.
●**북북**: 종이 등을 찢는 소리.	●**빼꼼**: 문을 아주 조금 여는 모양.
●**쉭쉭**: 빠르게 지나가는 소리.	●**삐죽**: 언짢거나 울 때 입을 내미는 모양.
●**냠냠**: 음식을 맛있게 먹는 소리.	●**부르르**: 크게 떠는 모양.
●**후루룩**: 국물이나 면을 들이마시는 소리.	●**으슬으슬**: 매우 차가운 느낌의 모양.
●**와르르**: 물건이 갑자기 무너지는 소리.	●**바글바글**: 사람이 많이 모여 있는 모양.
●**우당탕**: 바닥에 요란하게 떨어지는 소리.	●**듬성듬성**: 매우 드물고 성긴 모양.
●**우적우적**: 단단한 걸 씹을 때 나는 소리.	●**보슬보슬**: 눈, 비가 가늘게 내리는 모양.
●**두런두런**: 여럿이 조용히 얘기하는 소리.	●**펄쩍펄쩍**: 힘 있게 뛰어오르는 모양.
●**새근새근**: 조용하게 숨 쉬는 소리.	●**허둥지둥**: 갈팡질팡하며 서두르는 모양.

이제 위 의성어와 의태어를 문장 속에서 활용해 보아요.

의성어와 의태어 뜻 바로 알기

앞쪽에서 의성어와 의태어를 몇 가지 알아보았어요. 이제 문제를 풀면서 그 뜻을 정확히 새겨 보아요.

 주어진 그림에 어울리는 의성어, 의태어를 골라 바르게 연결해 보세요.

1.

2.

3.

4.

① 삐죽   ② 부르르   ③ 와르르   ④ 새근새근

 다음 뜻을 가진 낱말을 둘 중에서 고르세요.

5. 뜻 종이 등을 찢는 소리.   ❶ 쉭쉭   ❷ 북북

6. 뜻 못마땅하여 혀를 차는 소리.   ❶ 끌끌   ❷ 두런두런

7. 뜻 갈팡질팡하며 서두르는 모양.   ❶ 허둥지둥   ❷ 펄쩍펄쩍

8. 뜻 사람이 많이 모여 있는 모양.   ❶ 듬성듬성   ❷ 바글바글

의성어가 들어간 문장 연습

의성어는 소리를 흉내 낸 말이에요. 종이를 찢을 때 나는 '북북', 음식을 먹을 때 나는 '냠냠' 같은 말이지요. 의성어를 활용하여 문장을 만들어 보아요.

✏️ 왼쪽 문장의 밑줄 친 부분에 들어갈 적절한 의성어를 오른쪽에서 골라 연결해 보세요.

9.

마루는 생고구마를 ( ) 씹어 먹었다.

① 냠냠

10.

한새는 케이크를 맛있게 ( ) 먹었다.

② 후루룩

11.

뜨거운 국물을 ( ) 잘도 들이마시네.

③ 우적우적

✏️ 주어진 문장의 밑줄 친 부분에 들어갈 알맞은 의성어를 [보기]에서 골라 써 보세요.

| 보기 | 쉭쉭 | 북북 | 끌끌 | 우당탕 | 두런두런 |

12. 주먹 지르기를 할 때마다 _____ 소리가 났다.

13. 친척들이 모두 모여 _____ 이야기를 나눴다.

14. 의자가 갑자기 _____ 쓰러졌다.

15. 주어진 의성어 중에 하나를 골라 문장을 만들어 보세요.

왁자지껄, 소곤소곤

_____

의태어가 들어간 문장 연습

의태어는 모양을 흉내 낸 말이에요. 문을 조금 여는 모양인 '빼꼼', 몸을 떠는 모습인 '부르르' 같은 말이지요. 의태어를 활용하여 문장을 만들어 보아요.

✏️ 왼쪽 문장의 밑줄 친 부분에 들어갈 적절한 의태어를 오른쪽에서 골라 연결해 보세요.

16.
나뭇가지 위에 봄비가
(　　　) 내렸다.

① 바짝

17.
음식점에 사람들이
(　　　) 앉아 있었다.

② 보슬보슬

18.
짝꿍이 내 옆으로
(　　　) 다가와 앉았다.

③ 듬성듬성

✏️ 주어진 문장의 밑줄 친 부분에 들어갈 알맞은 의태어를 [보기]에서 골라 써 보세요.

| 보기 | 빼꼼 | 펄쩍펄쩍 | 바글바글 | 으슬으슬 | 허둥지둥 |

19. 연어가 강물을 거슬러 　　　　　　　　　 뛰어올랐다.

20. 나래가 교실 문을 　　　　　　　　　 열고 선생님이 오셨는지 살폈다.

21. 몸살이 왔는지 몸이 　　　　　　　　　 춥네.

22. 주어진 의태어 중에 하나를 골라 문장을 만들어 보세요.

삐죽, 부르르

15 일째

길게 꾸미기

문장을 좀 더 자세하게 표현하고 싶다면 길게 꾸미는 방법이 있어요. 문장에서 한 단어만 꾸미는 게 아니라 두 단어 이상 꾸밀 수 있다는 말이에요. 다음 문장들을 비교해 보세요.

① 자동차가 달린다.
② **빨간** 자동차가 달린다.
③ **빨간** 자동차가 **빠르게** 달린다.

위에서 보듯 ①은 꾸미는 말이 없어요. 반면, ②는 '빨간'이라는 낱말을 넣어 '자동차'를 꾸미고 있죠. ③은 이에 더하여 '빠르게'라는 말로 '달린다'도 꾸미고 있어요. 이 세 문장 중에서 어느 게 더 생생하고 자세한 느낌이 드나요? 아마 ③일 거예요. 자동차의 모습과 특성까지 모두 담았으니까요.

한편 꾸미는 말 자체를 두세 단어로 만들 수도 있어요. 다음의 예시를 함께 살펴보아요.

④ **날렵하고 빨간** 자동차가 달린다.
⑤ **지붕이 빨간** 자동차가 달린다.

위에서 ④는 자동차를 꾸미는 내용을 두 가지 넣었어요. '날렵하다'는 것과 '빨갛다'는 거예요. ⑤는 자동차의 무엇이 빨갛다는 건지 더 구체적으로 썼어요. 자동차의 지붕이 빨갛다는 거지요. 이처럼 꾸미는 내용을 추가하거나 더 구체적으로 쓸 수 있어요.

그럼 이제 문장을 좀 더 길게 꾸미는 연습을 해 볼까요?

두 낱말 이상 꾸미기

꾸미는 말을 넣어 문장을 만들 때, 한 단어만 꾸미는 것이 아니라 두 단어 이상 꾸밀 수 있어요. 문장에서 두 낱말 이상 꾸미는 연습을 해 보세요.

✏️ 주어진 두 낱말을 순서대로 활용하여 [보기]와 같이 문장을 완성해 보세요.

> **보기**　하얗다, 펑펑　：　<u>하얀</u> 눈이 <u>펑펑</u> 내린다.

1. **어둡다, 총총** ：＿＿＿＿＿＿＿＿ 하늘에 별이 ＿＿＿＿＿＿＿＿ 떴다.

2. **우람하다, 빽빽하다** ：＿＿＿＿＿＿＿＿ 나무들이 ＿＿＿＿＿＿＿＿ 서 있다.

✏️ 다음 문장의 밑줄 친 부분에 뒷말을 꾸미는 말을 자유롭게 넣어 보세요.

3. ＿＿＿＿＿＿＿＿ 책을 ＿＿＿＿＿＿＿＿ 읽고 있다.

4. ＿＿＿＿＿＿＿＿ 고래가 ＿＿＿＿＿＿＿＿ 뛰어올랐어요.

5. 선생님은 ＿＿＿＿＿＿＿＿ 얼굴로 아이들을 ＿＿＿＿＿＿＿＿ 쳐다보았다.

6. 나래는 ＿＿＿＿＿＿＿＿ 이불을 덮고 ＿＿＿＿＿＿＿＿ 잠이 들었다.

7. 다음 낱말들을 순서대로 배열하여 꾸미는 말이 들어간 문장을 만들어 보세요.

> **휘어지다, 우산, 겨우, 쓰다**

＿＿＿＿＿＿＿＿＿＿＿＿＿＿＿＿＿＿＿＿＿＿＿＿＿＿＿＿＿

두세 단어로 사람 꾸미기

문장에서 사람을 자세하게 표현할 때, 그 사람의 생김새, 성격, 재주, 행동 등을 나타내는 내용으로 꾸밀 수 있어요. 이를 활용하여 문장을 만들어 보세요.

✏️ 성격을 나타내는 말 중에서 두 개를 골라 [보기]와 같이 문장을 완성해 보세요.

> **보기**
>
> <u>깔끔하고 부지런한</u> 오빠가 청소를 시작했다.
>
> 용감하다, 겸손하다, 친절하다, 조용하다, 씩씩하다, 활달하다, 차분하다, 얌전하다

8. _____ _____ 한새가 먼저 손을 들었다.

9. 나는 _____ _____ 친구에게 부탁했다.

✏️ [보기]와 같이 생김새나 옷차림을 나타내는 내용을 넣어 문장을 완성해 보세요.

> **보기**
>
> <u>키가 큰</u> 아저씨가 버스 정류장에 혼자 서 있었다.

10. _____ _____ 형이 나에게 길을 물어보았다.

11. 나는 _____ _____ 아이에게 손을 내밀었다.

✏️ 주어진 문장을 [보기]와 같이 고쳐서 밑줄 친 부분에 알맞게 써 보세요.

> **보기**
>
> 나무를 심다 : <u>나무를 심는</u> 사람이 우리 아빠이다.

12. 목소리가 크다 : _____ _____ 나래가 제일 먼저 대답했다.

13. 사탕을 입에 물다 : 한 아주머니가 _____ _____ 꼬마를 불렀다.

두세 단어로 사물 꾸미기

문장에서 사물을 자세하게 표현할 때, 그 사물의 겉모습, 사용법, 특징 등을 나타내는 내용으로 꾸밀 수 있어요. 이를 활용하여 문장을 만들어 보세요.

✏️ [보기]와 같이 겉모습을 나타내는 내용을 넣어 문장을 완성해 보세요.

도움 크기, 모양, 색깔, 냄새, 촉감 등 겉으로 드러나는 특징을 생각해 봅니다.

보기 한별이는 <u>크고 두꺼운</u> 책을 들고 학교에 갔다.

14. 문방구에 가서 _____ _____ 연필을 샀다.

15. _____ _____ 귤이 맛있다.

16. _____ _____ 함박눈이 내린다.

17. 나는 _____ _____ 접시에 음식을 담아서 먹었다.

✏️ 주어진 문장을 [보기]와 같이 고쳐서 밑줄 친 부분에 알맞게 써 보세요.

보기 물이 차갑다 : 물이 <u>차가운</u> 계곡에서 수영했다.

18. 지우개가 달리다 : _____ _____ 연필을 쥐었다.

19. 불이 번쩍이다 : 걸을 때마다 _____ _____ 운동화이다.

20. 한쪽 끈이 떨어지다 : _____ _____ 가방을 메고 있었다.

16 일째 빗대어 표현하는 문장 만들기

문장을 좀 더 근사하게 표현하고 싶다면 빗대어 꾸미는 방법이 있어요. 표현하고 싶은 것을 그것과 비슷한 다른 대상에 빗대어 표현하는 거예요. 예를 들어 마음이 아주 넓다는 뜻을 표현하고 싶다면, '마음이 하늘처럼 넓다.' 또는 '바다 같은 내 마음'이라고 쓸 수 있어요. 둘 다 마음을 하늘이나 바다에 빗대어 표현했어요.

빗대어 표현하는 방법은 여러 가지가 있어요. 그중 대표적인 방법은 직유법, 은유법, 의인법이에요. 각각 어떻게 표현하는지 다음에서 알아볼까요?

① 직유법 : 사과 **같은** 내 얼굴, 사과<u>처럼</u> 빨간 볼
② 은유법 : 내 얼굴**은** 사과**이다**.
③ 의인법 : 사과가 방긋 **웃어요**.

①은 직유법이에요. '같은', '처럼'과 같이 직접 연결하는 말이 있어요. 이때 '같은'은 사람이나 사물을 꾸밀 때 사용하고, '처럼'은 움직임이나 상태를 꾸밀 때 사용해요. ②는 은유법이에요. 'A는 B이다'와 같은 꼴로 표현해요. 이때 A와 B는 닮은 점이 하나라도 있어야 해요. ③은 의인법이에요. 사람이 아닌 것을 사람처럼 나타내는 표현법이에요. 사물이 웃고 울고 말하고 기뻐하는 등 사람처럼 행동하고 감정이 있는 것처럼 표현하는 거지요.

이 중에서 우리는 직유법과 의인법을 익혀 볼 거예요. 은유법은, 직유법에서 연결하는 말을 뺀 다음 앞뒤 단어의 위치를 바꾸면 표현할 수 있거든요. 그럼 이제 문장을 빗대어 꾸미는 연습을 해 볼까요?

직유법 ① 사람, 사물 빗대어 표현하기

직유법으로 사람과 사물을 빗대어 표현할 때는 '같은, 듯한' 등의 연결하는 말을 사용해요.
'사과 같은 내 얼굴', '하늘이 무너지는 듯한 소리'처럼 말이에요.

 다음 밑줄 친 부분에 뒤의 말을 빗대어 꾸미는 말을 자유롭게 써 보세요.

도움 모양이나 크기, 촉감 등이 비슷한 느낌을 주는 대상을 떠올려 보아요.

1. _____ 왕방울 _____ ⎫
   _____ ⎬ 같은 눈
   _____ ⎭

2. _____ 고사리 _____ ⎫
   _____ ⎬ 같은 손
   _____ ⎭

왼쪽의 표현에 가장 어울리는 말을 오른쪽에서 골라 연결해 보세요.

3. 귀신을 본 듯한 ●   ● ① 추위

4. 손발이 얼어붙을 듯한 ●   ● ② 편안함

5. 구름 위를 걷는 듯한 ●   ● ③ 놀란 표정

다음 문장의 밑줄 친 부분에 빗대어 꾸미는 표현이나 꾸밈을 받는 말을 자유롭게 써
보세요.

6. 선생님께서 _____ 같은 목소리로 나를 불렀어요.

7. 은별이가 햇살 같은 _____ (으)로 우리를 반겼어요.

8. 그는 합격 소식을 듣고 _____ 듯한 기쁨을 느꼈어요.

직유법으로 움직임이나 상태를 빗대어 표현할 때는 '처럼, 같이, 듯(이)' 등의 연결하는 말을 사용해요. '표범처럼 달린다.', '화살이 날아가는 듯 빠르다.'처럼 말이에요.

✏️ 다음 밑줄 친 부분에 뒤의 말을 빗대어 꾸미는 말을 자유롭게 써 보세요.

9.
　　종달새
_____

_____

_____
　　처럼 **노래하다.**

10.
　　거북이
_____

_____

_____
　　같이 **느리다.**

✏️ 왼쪽의 표현에 가장 어울리는 말을 오른쪽에서 골라 연결해 보세요.

11. **파도가 치듯** ●　　　● ① **가깝게 다가왔어요.**

12. **속에서 불이 나는 듯이** ●　　　● ② **화가 치밀어 올랐어요.**

13. **구름이 손에 잡힐 듯이** ●　　　● ③ **마음이 출렁거렸어요.**

✏️ 다음 문장의 밑줄 친 부분에 빗대어 꾸미는 표현이나 꾸밈을 받는 말을 자유롭게 써보세요.

14. 꼬마들이 참새처럼 _____.

15. 이 열쇠고리는 _____ 같이 소중해요.

16. 한새는 _____ 듯이 꼼짝하지 않았다.

의인법: 사물을 사람처럼 표현하기

의인법은 사물을 사람처럼 표현하는 방법이에요. 사람이 아닌 나무, 자동차, 새, 시냇물 등이 사람처럼 울고 웃고 말하고 감정을 가진 것처럼 표현하는 거예요.

✏️ 다음 주어진 사물을 사람처럼 표현해 보세요.

17. 나무가 { 씩씩해요.
_____

_____

18. 새가 { 울어요.
_____

_____

✏️ 왼쪽의 밑줄 친 낱말과 어울리는 의인법 표현을 오른쪽에서 골라 연결해 보세요.

19. 시냇물이 졸졸졸 •   • ① 친구예요.

20. 필통 안의 연필들은 모두 •   • ② 즐거운 노래를 불러요.

21. 방 안에 홀로 켜진 촛불이 •   • ③ 눈물을 뚝뚝 흘리고 있어요.

✏️ [보기]와 같이 주어진 사물의 모습이나 특징을 사람처럼 표현하는 문장을 써 보세요.

보기   꽃 : 꽃이 활짝 웃어요.

22. 함박눈 : _____

23. 자동차 : _____

 **17**
일째

육하원칙에 따라 문장 만들기

이번에는 내용을 자세하게 쓰는 법을 알아볼 거예요. 여기에는 육하원칙에 따라 쓰는 방법과 두 문장을 이어서 한 문장으로 만드는 방법이 있어요. 먼저 육하원칙에 따라 쓰는 법부터 알아보아요.

육하원칙은 일어난 일을 사실대로 정확하게 쓸 때 지켜야 하는 여섯 가지 원칙이에요. '누가, 언제, 어디서, 무엇을, 어떻게, 왜'에 해당하는 내용이지요. 다음과 같이 말이에요.

누가	언제	어디서	무엇을	어떻게	왜
마루가	점심시간에	운동장에서	다리를	다쳤습니다.	넘어져서
한새가	아침에	욕실에서	세수를	했습니다.	학교에 가려고
나래가	지난주에	문방구에서	색연필을	샀습니다.	준비물이어서

여기서 각 내용은 자리를 조금 바꾸거나 아예 다른 문장을 만들어서 쓸 수 있어요.

① **점심시간에** **운동장에서** 마루가 넘어져서 다리를 다쳤습니다.
② 한새가 **학교에** **가려고** 아침에 욕실에서 세수를 했습니다.
③ 나래가 지난주에 문방구에서 색연필을 샀습니다. **준비물이기** **때문입니다.**

위에서 ①은 '언제'와 '어디서'에 해당하는 말을 제일 앞에 썼어요. 그리고 ②는 '왜'에 해당하는 내용을 '아침에' 앞에 썼고, ③은 아예 다른 문장을 만들어서 뒤에 썼어요.

그럼 이제 육하원칙에 따라 문장을 자세히 쓰는 방법을 익혀 볼까요?

육하원칙은, 문장을 쓸 때 따르는 '누가, 언제, 어디서, 무엇을 어떻게, 왜'라는 여섯 가지 원칙이에요. 하나하나 확실히 익혀 보세요.

 다음 글을 읽고, 육하원칙에 해당하는 내용을 찾는 질문에 답해 보세요.

> 해가 질 무렵이었어요. 마당에서 우리 집 강아지 누렁이가 멍멍 짖어댔어요. 나와 동생은 깜짝 놀라 방문을 열어 마당으로 나가 보았어요.
>
> 하지만 마당에는 아무것도 없었어요. 그런데도 누렁이가 풀밭을 보면서 계속 짖어댔어요. 우리는 누렁이 옆으로 가서 풀밭을 내려다봤어요.
>
> 그랬더니 어디에서 기어 나왔는지 작은 달팽이 한 마리가 풀잎 끝에 매달려 있었어요.

1. 언제 일어난 일인가요?

_____

2. 어디에서 일어난 일인가요?

_____

3. 누구에게 일어난 일인가요? 글에 나온 인물을 모두 찾아 쓰세요.

_____

_____

4. 3번에 쓴 인물 중에 한 명을 골라 무엇을 어떻게 했는지 써 보세요.

_____

_____

5. 위의 인물은 왜 그렇게 했나요?

_____

_____

육하원칙으로 문장 만들기

육하원칙으로 문장을 쓸 때, '누가, 언제, 어디서, 무엇을, 어떻게, 왜'의 기본 순서를 바꿀 수 있어요. '언제', '어디서', '왜' 등을 더 앞자리에 쓸 수 있지요.

✏️ 다음 육하원칙에 해당하는 내용을 주어진 순서대로 연결하여 문장을 만들어 보세요.

누가	언제	어디서	무엇을	어떻게	왜
나는	어제	도서관에서	책을	읽었다	독서록을 쓰려고

6. 누가 언제 어디서 왜 무엇을 어떻게

➡️ 나는 _____

7. 언제 누가 왜 어디서 무엇을 어떻게

➡️ 어제 _____

✏️ 다음 밑줄 친 부분에 [보기]와 같이 빠진 육하원칙을 넣어 문장을 완성해 보세요.

> **보기** 누가 ➡️ 오후가 되자 공원에서 <u>비둘기들이</u> 먹이를 먹으려고 사람들 주위로 모여들었다.

8. 언제 어디에서

➡️ 우리는 마을을 청소하려고 _____ 쓰레기를 주웠다.

9. 무엇을 어떻게

➡️ 건강을 위해 우리 반은 매일 점심시간에 운동장에서 _____

10. 왜

➡️ 방에서 잠을 자던 은별이가 새벽에 _____ 잠을 깼다.

육하원칙을 나눠서 문장 만들기

육하원칙의 내용이 길면 몇 가지 원칙끼리 묶어서 문장을 쓸 수 있어요. '언제 어디에서', '누가 무엇을 어떻게', '왜'에 관한 내용으로 나누어 세 문장으로 표현하는 거지요.

 다음 그림을 보고 ( ) 안에 주어진 육하원칙에 해당하는 내용을 넣어 각 문장을 완성해 보세요.

11. _____ 가 되었다. (언제)

12. 우리들은 모두 교실에 앉아

_____ (무엇을 어떻게)

_____

13. _____ 가

열렸기 때문이다. (왜)

 며칠 동안 보거나 직접 겪은 일들을 떠올려 보세요. 그 일들을 다음 주어진 육하원칙에 따라 [보기]와 같이 문장으로 만들어 보세요. 도움 각각 다른 일을 써도 돼요.

 보기

누가 어디에서 무엇을 어떻게

➡ 옆집 아저씨가 카페에서 커피를 마시고 있었다.

14.   누가 어디에서 무엇을 어떻게

➡ _____

15.   누가 왜 무엇을 어떻게

➡ _____

18 일째 두 문장을 이어서 한 문장으로 만들기

문장을 자세하게 쓰는 두 번째 방법은 두 문장을 이어서 한 문장으로 만드는 거예요. 다음 두 문장을 연결해 볼까요?

① 비가 내려요.
② 바람이 불어요.

비가 내리**고** 바람이 불어요.

위에서 ①과 ②를 '-고'라는 말로 연결하여 한 문장으로 만들었어요. 이렇게 두 문장을 연결하는 방법은 다음의 두 가지 경우가 있어요.

[서로 관련이 없는 두 문장을 연결할 때]

-고	두 문장이 나란히 견주어질 때	예문 이것은 연필이**고** 저것은 지우개이다.
-지만	두 문장이 맞대어 대조될 때	예문 이것은 잘 지워지**지만** 저것은 그렇지 않다.

[서로 관련이 있는 두 문장을 연결할 때]

-어서, -니까	앞일이 뒷일의 원인일 때	예문 바람이 부**니까** 나뭇잎이 흔들거리네.
-려고	앞일이 뒷일의 목적일 때	예문 집에 가**려고** 가방을 챙겼다.
-면	앞일이 뒷일의 조건일 때	예문 눈이 오**면** 길이 꽁꽁 언다.
-ㄹ수록	앞일을 더할 때	예문 이 꽃은 **볼수록** 색깔이 신비롭다.

위에서 두 문장이 서로 관련이 있다는 말은, 뒷일이 앞일에 영향을 받는다는 뜻이에요. 예를 들어 '바람이 부니까 나뭇잎이 흔들거리네.'라는 문장은, 나뭇잎이 흔들리는 까닭이 바람이 불기 때문이라는 거죠.

그럼 이제 연결하는 말을 사용하여 두 문장을 이어서 한 문장으로 만들어 볼까요?

관련이 없는 두 문장을 연결하기

관련이 없는 두 문장은 '-고'나 '-지만'을 사용하여 연결해요. 여기서 '-지만'은 두 문장의 내용이 서로 대조되는 상황일 때 사용해요.

1. 다음 문장 중에서 두 문장을 연결한 문장을 찾아보세요. (모두 2개)

❶ 콜록콜록 기침한다.

❷ 열이 나고, 기침한다.

❸ 열은 나지만, 기침은 안 한다.

 문장의 뜻이 통하도록 두 문장을 한 문장으로 연결하는 말에 동그라미(○)를 쳐 보세요.

2. 딸기는 상큼하(고 / 지만) 수박은 시원하다.

3. 사람은 책을 만들(고 / 지만) 책은 사람을 만든다.

4. 고추장 떡볶이는 매콤하(고 / 지만) 간장 떡볶이는 별로 맵지 않다.

 [보기]와 같이 '-고'나 '-지만'을 사용해 두 문장을 연결하여 한 문장으로 만들어 보세요.

> 보기
> • 새싹이 돋았다.
> • 꽃이 피었다.
> ➡ 새싹이 돋고, 꽃이 피었다.

5. • 비빔냉면은 비벼서 먹는다. ➡
 • 물냉면은 시원하게 먹는다.
 _____

6. • 장마철에는 비가 많이 온다. ➡
 • 가뭄에는 비가 거의 오지 않는다.
 _____

관련이 있는 두 문장을 연결하기 ①

관련이 있는 두 문장은 '-어서/아서, -니까', '-려고' 등을 사용하여 연결해요. 여기서 '-어서/아서, -니까'는 앞일이 뒷일의 원인일 때 사용하고, '-려고'는 목적일 때 사용해요.

7. 다음 문장 중에서 두 문장을 연결한 말이 <u>어색한</u> 문장을 고르세요.

❶ 나래는 배가 <u>고파서</u> 밥을 먹었다.

❷ 나래는 배가 <u>고프려고</u> 밥을 먹었다.

❸ 나래는 배가 <u>고프니까</u> 밥을 먹었다.

 문장의 뜻이 통하도록 두 문장을 한 문장으로 연결하는 말에 동그라미(○)를 쳐 보세요.

8. 한새가 간식을 먹으(니까 / 려고) 나도 먹고 싶었다.

9. 누가 왔는지 보(니까 / 려고) 얼른 현관문을 열었다.

10. 100점을 받(아서 / 으려고) 열심히 공부했다.

 [보기]와 같이 '-니까'나 '-어서/아서'를 사용해 두 문장을 연결하여 한 문장으로 만들어 보세요.

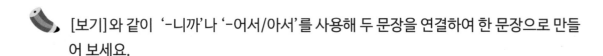

보기
- 바람이 불었다.
- 나뭇잎이 우수수 떨어졌다. ➡ 바람이 부니까 나뭇잎이 우수수 떨어졌다.

11.
- 책을 읽지 않았다. ➡
- 질문에 답하지 못했다.

_____

12.
- 쉬지 않고 달렸다. ➡
- 숨이 찼다.

_____

관련이 있는 두 문장은 '-면', '-ㄹ수록' 등을 사용하여 연결해요. 여기서 '-면'은 앞일이 뒷일의 조건일 때 사용하고, '-ㄹ수록'은 앞일을 더할 때 사용해요.

13. 다음 문장 중에서 두 문장을 연결한 말이 <u>어색한</u> 문장을 고르세요.

❶ 마루는 노래를 <u>부르면</u> 기분이 좋다.

❷ 마루는 노래를 <u>부를수록</u> 기분이 좋았다.

❸ 마루는 노래를 <u>부르지만</u> 기분이 좋을 거다.

 문장의 뜻이 통하도록 두 문장을 한 문장으로 연결하는 말에 동그라미(○)를 쳐 보세요.

14. 머리가 아(프면 / 플수록) 잠시 쉬어라.

15. 그 책은 한번 잡(으면 / 을수록) 손에서 놓을 수 없어요.

16. 고기는 씹으면 씹(으면 / 을수록) 더 맛있다.

 [보기]와 같이 '-면'이나 '-ㄹ수록'을 사용해 두 문장을 연결하여 한 문장으로 만들어 보세요.

> 보기
> • 책을 읽다.
> • 머리가 똑똑해진다. ➡ 책을 읽으면 머리가 똑똑해진다.

17. • 스마트폰 게임을 한다. ➡

  • 눈이 나빠질 수 있다.

  _____

18. • 나이를 먹는다. ➡

  • 그는 마음이 약해졌다.

  _____

4STEP schedule

19일째	☐	앞말과 뒷말이 짝지어 쓰이는 문장 연습
20일째	☐	부정을 표현하는 문장 연습
21일째	☐	높임을 표현하는 문장 연습
22일째	☐	시간을 표현하는 문장 연습
23일째	☐	당하는 문장과 시키는 문장 연습
24일째	☐	문장과 문장을 이어 주는 말 익히기

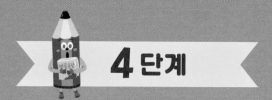

반ㄷㄹㄹ

내용이 매끄럽고
상황에 맞는
문장 만들기

19 일째 앞말과 뒷말이 짝지어 쓰이는 문장 연습

문장의 내용을 매끄럽게 연결하려면 알맞은 표현을 써야 해요. 다음 두 문장을 비교해 보세요.

① <u>설마</u> 눈이 <u>온다.</u>   ② <u>설마</u> 눈이 <u>올까?</u>

위 두 문장에는 모두 '설마'라는 말이 쓰였어요. '설마'는 '그럴 리는 없겠지만 그럴지도 모른다'는 뜻이에요. 이 말은 추측의 의미가 있어서 의문 표현과 짝지어 쓰여요. 그래서 ②가 훨씬 자연스럽지요.

이렇게 앞말과 뒷말이 짝지어 쓰이는 표현을 좀 더 알아볼까요?

[부정 표현과 짝지어 쓰이는 말]

별로, 전혀, 조금도, 절대로, 결코, 좀처럼, 그다지 ＋ 아니다, 않다, 없다

예문 나는 햄버거를 별로 좋아하지 않아.   절대로 그런 말을 하면 안 돼.

[의문 표현과 짝지어 쓰이는 말]

설마, 누가, 도대체, 얼마나, 어찌 ＋ -니?, -ㄹ까?, -ㄴ가?, -이냐?

예문 누가 소리를 질렀니?   도대체 무슨 생각을 하는 걸까?

[여러 가지 짝지어 쓰는 말]

● 마땅히, 반드시 ＋ 해야 한다 ➡ 예문 학생이면 반드시 책을 읽어야 한다.

● 비록 ＋ -지만/~ㄹ지라도 ➡ 예문 생김새는 비록 다를지라도 우리는 한 가족입니다.

● 드디어 ＋ 하다(※긍정 표현만 쓰여요.) ➡ 예문 드디어 뜻을 이루었다.

● 마치 ＋ 같다 ➡ 예문 마치 동화 속 마을에 온 것 같아요.

이제 짝지어 쓰이는 다양한 표현을 사용하여 문장 만들기를 연습해 보아요.

부정 표현과 짝지어 쓰이는 말 익히기

'별로, 전혀, 조금도, 절대로, 결코, 좀처럼, 그다지' 등은 부정 표현과 짝지어 쓰여요. 예를 들어 '전혀 예쁘다.'라고 쓰지 않고, '전혀 예쁘지 않다.'라고 써야 해요.

1. 다음 문장 중에서 표현이 <u>어색한</u> 문장을 고르세요.

❶ 나는 배가 고픈 건 조금도 <u>못 참아</u>.

❷ 나는 배가 고픈 건 조금도 <u>잘 참아</u>.

❸ 나는 배가 고픈 건 조금도 <u>참지 않아</u>.

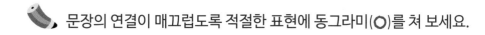 문장의 연결이 매끄럽도록 적절한 표현에 동그라미(○)를 쳐 보세요.

2. 네가 기분이 나쁘다는 사실을 전혀 (몰랐어 / 알았어).

3. 나는 결코 그런 말을 한 적이 (있어요 / 없어요).

4. 좀처럼 감기가 (잘 나았다 / 낫지 않았다).

5. 그다지 마음에 드는 게 (많았다 / 없었다).

 주어진 말을 사용하여 문장을 자유롭게 만들어 보세요.

6. | 별로 | : _____

_____

7. | 절대로 | : _____

_____

의문 표현과 짝지어 쓰이는 말 익히기

'설마, 누가, 얼마나, 도대체' 등은 의문 표현과 짝지어 쓰여요. 예를 들어 '얼마나 먹었다.'가 아니라, '얼마나 먹었니?'라고 쓰죠. 하지만 '누가'와 '도대체'는 평서문에도 써요.

8. 다음 문장 중에서 표현이 <u>어색한</u> 문장을 고르세요.

❶ 어린이들이 이 책을 얼마나 <u>읽을까요?</u>

❷ 어린이들이 이 책을 얼마나 <u>안 읽지?</u>

❸ 어린이들이 이 책을 얼마나 <u>읽습니다.</u>

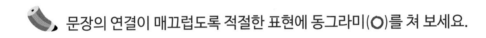 문장의 연결이 매끄럽도록 적절한 표현에 동그라미(○)를 쳐 보세요.

9. 설마 너 혼자 (갔구나. / 갔니?)

10. 누가 그 케이크를 (먹자. / 먹었나요?)

11. 얼마나 많은 눈이 (왔다. / 왔을까?)

12. 도대체 왜 말을 안 듣는 (거다. / 거야?)

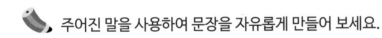 주어진 말을 사용하여 문장을 자유롭게 만들어 보세요.

13. 설마 : _____

_____

14. 도대체 : _____

_____

여러 가지 짝지어 쓰이는 말 익히기

짝지어 쓰이는 표현들은 또 있어요. '마땅히 ~해야 한다, 반드시 ~해야 한다, 비록 −지만/−ㄹ지라도, 드디어 ~하다, 마치 ~ 같다' 등이지요. 이 표현들도 문장 속에서 연습해 보아요.

15. 다음 문장 중에서 표현이 <u>어색한</u> 문장을 고르세요.

❶ 드디어 새 자전거를 <u>샀다</u>.

❷ 드디어 새 자전거를 <u>못 샀다</u>.

❸ 드디어 새 자전거를 <u>사겠구나</u>.

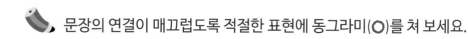 문장의 연결이 매끄럽도록 적절한 표현에 동그라미(○)를 쳐 보세요.

16. 이번엔 마땅히 네가 (청소해야 해. / 청소할까?)

17. 내일까지 숙제를 반드시 (끝내야 해. / 못 끝내.)

18. 졸업하면 (비록 / 부디) 친구들과 헤어지지만 추억은 영원할 거다.

19. 그 아기는 (설마 / 마치) 인형 같았다.

 주어진 말을 사용하여 문장을 자유롭게 만들어 보세요.

20. 비록 : _____

_____

21. 드디어 : _____

_____

20
일째
부정을 표현하는 문장 연습

문장의 내용을 부정할 때 '안'이나 '못'이라는 부정 표현을 사용해요. 이 둘은 뜻이 조금 달라요. 다음에서 확인해 볼까요?

문장	아침에 밥을 먹었다.
부정문	① 아침에 밥을 **안** 먹었다. ② 아침에 밥을 **못** 먹었다.

①과 ②는 모두 '아침에 밥을 먹었다.'라는 내용을 부정하는 문장이에요. 하지만 의미가 달라요. ①은 말하는 사람이 먹기 싫어서 자기 뜻대로 안 먹었다는 뜻이고, ②는 자신은 먹을 생각이 있었으나 어떤 사정 때문에 못 먹었다는 뜻이에요.

이처럼 '안'을 쓰는 부정 문장은 능력은 되지만 자신의 판단으로 하지 않는다는 뜻을 나타내고, '못'을 쓰는 부정 문장은 하고 싶지만 능력이 안 되거나 주변 여건 때문에 할 수 없다는 뜻을 나타내요.

부정 문장은 조금 길게 표현할 수도 있어요. '안'을 쓰는 부정 문장은 '-지 않다'로 바꿔 쓰고, '못'을 쓰는 부정 문장은 '-지 못하다'로 쓸 수 있어요. 다음에서 확인해 보아요.

③ 아침에 밥을 **안** 먹었다. → 아침에 밥을 먹**지 않았다.**
④ 아침에 밥을 **못** 먹었다. → 아침에 밥을 먹**지 못했다.**

그럼 이제 부정 표현이 들어가는 문장을 만들어 볼까요?

부정 표현 알기

　문장의 내용을 부정할 때는 '안'이나 '못'을 사용해요. 이때 '안'은 능력은 되지만 자신이 하지 않는다는 뜻이고, '못'은 능력이 없거나 주변 환경 때문에 할 수 없다는 뜻이에요.

　왼쪽의 부정 문장이 각각 어떤 뜻인지 오른쪽에서 찾아 바르게 연결해 보세요.

1.　숙제를 안 했어요. ●　　　　● ① 사정이 있어서 숙제할 수 없었다는 뜻.

2.　숙제를 못 했어요. ●　　　　● ② 자신의 판단으로 숙제하지 않았다는 뜻.

　다음 대화의 빈칸에 '안' 또는 '못'을 넣어 부정 문장을 완성해 보세요.

3.

　　나래: 어제 우리나라랑 일본이랑 축구 시합하는 거 봤니?

　　한새: 아니, [　　　　] 봤어.

　　나래: 왜? 너, 축구 좋아하잖아.

　　한새: 기다리다가 너무 졸려서 자 버렸지 뭐야.

4.

　　마루: 내일 준성이 생일 파티에 같이 가자.

　　은별: 내가 왜? 나 준성이랑 싸워서 얼굴 보기도 싫은데!

　　마루: 에이, 그러지 말고 같이 가자. 준성이도 너 오면 좋아할 거야.

　　은별: 싫어. 절대 [　　　　] 가!

　　마루: 그럼 나도 [　　　　] 갈래. 나 혼자 가면 무슨 재미야?

'안'을 쓰는 부정 문장 연습

'안'을 쓰는 부정 문장에서 '안'의 자리는 보통 서술어 앞이에요. 그리고 '안'을 쓰는 짧은 부정 문장은 '-지 않다'로 길게 표현할 수 있어요.

5. 다음 부정 문장 중에서 '안'의 자리가 가장 자연스러운 문장을 고르세요.

❶ 안 기차가 빨리 달려요.

❷ 기차가 안 빨리 달려요.

❸ 기차가 빨리 안 달려요.

✏️ 다음 문장을 [보기]와 같이 부정 문장으로 바꿔 써 보세요.

> **보기** 얼굴이 검게 탔다. ➞ 얼굴이 검게 **안** 탔다.

6. 이 친구는 우리 동네에 살아요. ➞ _____

7. 새 옷으로 갈아입었다. ➞ _____

✏️ [보기]와 같이 짧은 부정 문장은 긴 부정 문장으로, 긴 부정 문장은 짧은 부정 문장으로 고쳐 써 보세요.

> **보기**
> ● 조용히 **안** 할 거니? ➞ 조용히 하**지** **않**을 거니?
> ● 다행히 물에 젖**지** **않**았어. ➞ 다행히 물에 **안** 젖었어.

8. 한새는 제시간에 학교에 **안** 간다. ➞ _____

9. 나는 물건을 함부로 **안** 버린다. ➞ _____

10. 바람이 생각보다 세게 불**지** **않**았다. ➞ _____

'못'을 쓰는 부정 문장 연습

'못'을 쓰는 부정 문장에서 '못'의 자리도 보통 서술어 앞이에요. 그리고 '못'을 쓰는 짧은 부정 문장은 '-지 못하다'로 길게 표현할 수 있어요.

11. 다음 부정 문장 중에서 '못'의 자리가 가장 자연스러운 문장을 고르세요.

❶ 급하게 오느라 밥을 못 먹었다.

❷ 급하게 오느라 못 밥을 먹었다.

❸ 못 급하게 오느라 밥을 먹었다.

✏️ 다음 문장을 [보기]와 같이 부정 문장으로 바꿔 써 보세요.

> [보기] 교실에서 책을 읽었다. ⟶ 교실에서 책을 못 읽었다.

12. 운동장에 학생들이 많이 모였다. ⟶ _____

13. 친구들 앞에서 노래를 불렀다. ⟶ _____

✏️ [보기]와 같이 짧은 부정 문장은 긴 부정 문장으로, 긴 부정 문장은 짧은 부정 문장으로 고쳐 써 보세요.

> [보기]
> ● 생일 선물을 하나도 못 받았다. ⟶ 생일 선물을 하나도 받지 못했다.
> ● 학교에 일찍 가지 못했다. ⟶ 학교에 일찍 못 갔다.

14. 승진이는 형과 야구를 못 했다. ⟶ _____

15. 독감에 걸려서 태권도 도장에 못 갔다. ⟶ _____

16. 늦게 자서 아침에 일찍 일어나지 못했다. ⟶ _____

21 일째 높임을 표현하는 문장 연습

우리말은 예의를 지켜야 할 때 높임 표현을 사용해요. 여러 사람 앞에서 자기소개를 하거나 발표할 때, 나이가 많거나 지위가 높은 사람에 대해 말할 때 높이는 문장을 써요. 예를 들어 '나는 예지야.'라고 말하지 않고, '저는 예지입니다.'라고 말해요.

높이는 문장을 만드는 경우는 크게 세 가지가 있어요. 듣는 사람을 높이는 경우, 문장에서 주어를 높이는 경우, 문장에서 대상을 높이는 경우예요.

종류	높임 표현	예시
듣는 사람을 높이는 경우	서술어를 '요, ㅂ니다'로 바꾸기	• 피아노 학원에 **가요**. • 피아노 학원에 **갑니다**.
문장에서 주어를 높이는 경우	서술어에 '-시-' 붙이기 께서(이/가), **계시다**(있다), **잡수시다**(먹다), **주무시다**(자다), **진지**(밥), **말씀**(말) 등	• 할머니**께서** 용돈을 **주셨다**. • 할머니**께서** 낮잠을 **주무신다**. • 할머니**께서** **진지**를 **잡수신다**.
문장에서 대상을 높이는 경우	께(에게), **뵙다**(만나다), **드리다**(주다), **여쭈다**(묻다), **모시다**(데리다) 등	• 누리는 할머니**께** 용돈을 받았다. • 나는 선생님**께** 편지를 **드렸다**. • 내일은 할머니를 **뵈러** 간다.

그럼 이제 높이는 문장을 만들어 볼까요?

듣는 사람을 높이는 문장 연습

듣는 사람을 높일 때는 문장의 서술어를 '요, -ㅂ니다'로 바꿔 써요. 이때 '요'는 친근하고 정감 있는 느낌을 주고, 'ㅂ니다'는 좀 더 깍듯한 느낌을 줘요.

1. 다음 대화의 밑줄 친 부분에 들어갈 말 중 높임 표현이 <u>아닌</u> 말을 고르세요.

❶ 있어요

❷ 있어

❸ 있습니다

✏ 왼쪽에 있는 높임 문장이 각각 어떤 느낌을 주는지 오른쪽에서 찾아 연결해 보세요.

2. 숙제를 하다가 늦게 잤습니다. ●   ● ① 친근한 느낌을 줘요.

3. 숙제를 하다가 늦게 잤어요. ●   ● ② 깍듯한 느낌을 줘요.

✏ 다음 문장에서 밑줄 친 단어를 높임 표현으로 바꿔 높이는 문장을 만들어 보세요.

4.
한새는 영화를 보러 <u>갔다.</u>   ➡ 한새는 영화를 보러 갔어요.
                              ➡

5.
텔레비전이 아주 <u>크다.</u>   ➡
                              ➡ 텔레비전이 아주 큽니다.

6.
우리 집은 일요일마다 대청소를 <u>한다.</u>   ➡
                                          ➡

문장에서 주어 높이기

문장에서 주어를 높일 때는 주어에 '께서'를 붙이고, 서술어에 '-시-'를 붙여요. 그 외 '계시다(있다), 잡수시다(먹다), 주무시다(자다), 진지(밥), 말씀(말)' 등의 높임말을 쓰기도 해요.

✏️ 다음 문장을 [보기]와 같이 '께서'와 '-시'를 붙여 높이는 문장으로 만들어 보세요.

> **보기** 선생님이 수학을 가르친다. ➡ 선생님께서 수학을 가르치신다.

7. 할아버지가 책을 읽는다. ➡

_____

8. 아버지가 칭찬을 했다. ➡

_____

9. 어머니가 영어 숙제를 도와주었다. ➡

_____

✏️ 왼쪽에 있는 낱말의 높임 표현을 오른쪽에서 찾아 연결해 보세요.

10. 밥 •   • ① 진지

11. 먹다 •   • ② 주무시다

12. 자다 •   • ③ 잡수시다

✏️ 다음 문장을 [보기]와 같이 높임말로 바꿔 높이는 문장으로 만들어 보세요.

> **보기** 부모님 말 좀 들어라. ➡ 부모님 말씀 좀 들어라.

13. 어제 할머니께서 우리 집에서 잤다. ➡

_____

14. 손님이 있을 때는 떠들면 안 된다. ➡

_____

문장에서 대상 높이기

문장에서 대상을 높일 때는 높임을 받는 사람에게 '께'를 붙이고, '뵙다(만나다), 드리다(주다), 여쭈다(말하다, 묻다), 모시다(데리다)' 등의 높임 표현을 써요.

 다음 대화를 보고 물음에 답해 보세요.

한별아, 이것 좀 교장 선생님한테 갖다주렴.

네.

15. 위 대화에서 가장 높임을 받는 이는 누구인가요?

❶ 선생님　　❷ 교장 선생님　　❸ 한별　　❹ 서류

16. 위 대화에서 밑줄 친 문장을 높이는 문장으로 바르게 고친 것을 고르세요.

❶ 이것 좀 교장 선생님에게 갖다주렴.

❷ 이것 좀 교장 선생님께 갖다주렴.

❸ 이것 좀 교장 선생님께 갖다드리렴.

 다음 문장을 [보기]와 같이 높임말로 바꿔 높이는 문장으로 만들어 보세요.

> 우리는 할아버지를 데리고 갔다.　➡　우리는 할아버지를 모시고 갔다.

17. 숙제가 무엇인지 선생님한테 물어보았다. ➡

_____

18. 할아버지에게 곶감을 주었다. ➡

_____

19. 설에는 외할머니를 만나러 외가에 간다. ➡

_____

22 일째 시간을 표현하는 문장 연습

우리는 과거나 미래에 살 수 없어요. 시간은 되돌릴 수도 없고 빨리 가게 할 수도 없으니까요. 과거는 이미 지나가 버린 시간이고, 미래는 아직 오지 않은 시간이지요.

하지만 언어로 이 시간을 표현할 수 있어요. 흘러가는 시간을 과거, 현재, 미래로 나누고 각 상황에 맞는 표현을 쓰면 돼요. 어떤 시간 표현이 있는지 알아보아요.

시간 구분	시간 표현	예시
과거	-았/었-, -더, 어제, 지난여름에, 옛날에 등	• 어제 학교에 안 갔다. • 불고기가 참 맛있더라.
현재	-는-, -ㄴ-, 지금, 현재, 오늘 등	• 나래는 아이스크림을 먹는다. • 지금 영화를 본다.
미래	-겠-, -할-, ~할 것이다, 내일, 다음 달에 등	• 내년에 미국으로 여행을 가겠다. • 이따가 숙제를 할 것이다.

위에서 보는 것처럼 과거, 현재, 미래를 나타낼 때는 서술어에 각각 '-았/었-', '-는-', '-겠-'을 붙여요. 그리고 시간을 나타내는 말인 어제, 지금, 내일 등을 쓰기도 하지요.

시간 표현 중에는 동작을 하는지, 끝냈는지를 나타내는 표현도 있어요. '-고 있다'는 표현은 동작을 하는 중임을 나타내고, '-어/아 버렸다'는 동작을 마쳤음을 나타내는 표현이에요.

그럼 이제 시간 표현을 적절하게 써서 상황에 맞는 문장을 만들어 볼까요?

과거를 나타내는 문장 연습

말하는 시점보다 앞서 일어난 일을 나타낼 때 과거 표현을 써요. 서술어에 '-았/었-'을 붙이고, '어제, 그제, 지난달에, 작년에, 어린 시절에' 등과 같은 낱말을 쓰면 돼요.

1. 다음 문장 중에서 과거를 나타내는 문장이 <u>아닌</u> 것을 고르세요.

❶ 한새가 새 옷을 <u>입었다.</u>

❷ 한새가 새 옷을 <u>입었더라.</u>

❸ 한새가 새 옷을 <u>입고 있다.</u>

✏ 다음 문장을 [보기]와 같이 과거를 표현하는 문장으로 바꿔 보세요.

> 보기   마트 안이 사람들로 <u>북적북적하다.</u> ➡ 마트 안이 사람들로 <u>북적북적했다.</u>

2. 바람이 쌩쌩 <u>분다.</u> ➡ _____

3. 선생님께서 뭐라고 <u>말씀하시는지</u> <u>궁금하다.</u> ➡ _____

4. <u>지금</u> 피자를 <u>먹는다.</u> ➡ _____

✏ 다음 주어진 말을 넣어 문장을 만들어 보세요.

5.   어제   : _____

_____

6.   작년에   : _____

_____

현재를 나타내는 문장 연습

말하는 시점에 일어나는 일을 나타낼 때 현재 표현을 써요. 서술어에 '-ㄴ/는-'을 붙이고, '지금, 현재' 등의 낱말을 쓰면 돼요.

7. 다음 문장 중에서 현재를 나타내는 문장을 고르세요.

❶ 책을 읽던 사람은 마루이다.

❷ 책을 읽는 사람은 마루이다.

❸ 책을 읽으려는 사람은 마루이다.

다음 문장을 [보기]와 같이 현재를 표현하는 문장으로 바꿔 보세요.

> 보기   놀이터에서 길고양이를 보았다. ⟶ 놀이터에서 길고양이를 본다.

8. 친구들과 박물관에 갈 거다. ⟶ _____

9. 줄넘기 시험을 보았다. ⟶ _____

10. 미술 시간에 그림을 그렸다. ⟶ _____

다음 주어진 말을 넣어 문장을 만들어 보세요.

11. 지금 : _____

_____

12. 현재 : _____

_____

미래를 나타내는 문장 연습

말하는 시점보다 나중에 일어날 일을 나타낼 때 미래 표현을 써요. 서술어에 '-겠-'이나 '-할 것이다'를 붙이고, '내일, 다음 달에, 내년에, 훗날' 등의 낱말을 쓰면 돼요.

13. 다음 문장 중에서 미래를 나타내는 문장이 <u>아닌</u> 것을 고르세요.

❶ 내일은 자전거를 타고 학교에 <u>가겠다</u>.

❷ 내일은 자전거를 타고 학교에 <u>갈 거다</u>.

❸ 내일은 자전거를 타고 학교에 <u>가고 싶다</u>.

✏️ 다음 문장을 [보기]와 같이 미래를 표현하는 문장으로 바꿔 보세요.

> **보기**   친구들과 축구를 <u>했다</u>. ➡️ 친구들과 축구를 <u>하겠다(할 것이다)</u>.

14. 일요일에 책상을 <u>정리했다</u>. ➡️

15. 나래는 돈가스를 <u>먹었다</u>. ➡️

16. <u>지금</u> 수학 공부를 <u>하고 있다</u>. ➡️

✏️ 다음 주어진 말을 넣어 문장을 만들어 보세요.

17.   내일   :

18.   내년에   :

23 _{일째} 당하는 문장과 시키는 문장 연습

다음과 같은 상황을 문장으로 어떻게 표현할까요?

상황1  상황2

[상황1]은 아빠 토끼가 아기 토끼를 안은 모습이에요. 하지만 아기 토끼 입장에서는 아빠 토끼에게 안긴 거지요. 이를 문장으로 나타내면 다음과 같아요.

① 아기 토끼가 아빠 토끼에게 안겼다.

위 문장에서 '안기다'라는 말은 아기 토끼가 안는 행동을 하는 것이 아니라, 아빠에 의해 안는 행동을 당한다는 뜻을 가지고 있어요. 비슷한 말에는 '보이다, 섞이다, 쌓이다, 물리다, 열리다, 쫓기다, 잡히다, 먹히다, 업히다, 부딪히다' 등이 있어요.

[상황2]는 아빠 토끼가 아기 토끼에게 당근을 먹이는 모습이에요. 이를 문장으로 나타내면 다음과 같아요.

② 아빠 토끼가 아기 토끼에게 당근을 먹였다.

위 문장에서 '먹이다'라는 말은 아빠 토끼가 아기 토끼에게 먹는 행동을 시킨다는 뜻을 가지고 있어요. 이와 비슷하게 '녹이다, 앉히다, 입히다, 굳히다, 넓히다, 울리다, 웃기다, 맡기다, 돋우다, 낮추다, 놀래다' 등의 말이 있어요.

그럼 이제 상황에 따라 행동을 당하는 문장과 시키는 문장을 만드는 연습을 해 볼까요?

주어의 상황에 맞는 문장 연습

사건은 하나지만 주어의 입장에 따라 행동을 직접 하는 상황, 행동을 당하는 상황, 행동을 시키는 상황으로 구분해 문장을 표현할 수 있어요. 각 상황에 맞는 문장을 만들어 보아요.

✏️ 다음 문장을 보고 밑줄 친 행동을 하는 사람은 누구인지 물음에 답해 보세요.

1. 아기가 엄마 등에 <u>업혔다.</u>

→ <u>업는 행동을 한</u> 사람은 누구인가요? (아기 / 엄마)

2. 언니가 동생에게 옷을 <u>입혔다.</u>

→ <u>입는 행동을 한</u> 사람은 누구인가요? (언니 / 동생)

✏️ 다음 그림을 보고 주어에 따라 상황을 알맞게 표현하는 말을 고르세요.

3. <u>고양이가</u> 쥐를 (잡았다 / 잡혔다).

4. <u>쥐가</u> 고양이에게 (잡았다 / 잡혔다).

5. <u>아기가</u> 우유를 (먹는다 / 먹인다).

6. <u>아빠가</u> 아기에게 우유를 (먹는다 / 먹인다).

주어가 행동을 당하는 문장 연습

주어가 어떤 행동을 당하는 상황을 표현할 때, '안기다, 보이다, 섞이다, 쌓이다, 물리다, 열리다, 쫓기다, 잡히다, 먹히다, 업히다, 부딪히다' 등의 말을 사용해요.

 주어가 행동을 당하는 표현을 골라 동그라미(O)를 쳐 보세요.

7. 문이 바람에 (열었다 / 열렸다).

8. 쌀에 팥이 (섞었어요 / 섞였어요).

9. 마당에 눈이 가득 (쌓였다 / 쌓았다).

10. 내 발가락이 모기에게 (물렸어요 / 물었어요).

11. 고개를 드니 큰 산이 눈에 (보았다 / 보였다).

 다음 그림을 보고 [보기]에서 적절한 말을 골라 주어진 주어에 알맞은 상황을 문장으로 표현해 보세요.

> **보기**
>
> 경찰을, 경찰에게,
> 쫓고 있다, 쫓기고 있다

12. 도둑이 _____

주어가 행동을 시키는 문장 연습

주어가 대상에게 어떤 행동을 시키는 상황을 표현할 때, '먹이다, 녹이다, 앉히다, 입히다, 굳히다, 넓히다, 울리다, 웃기다, 맡기다, 돋우다, 낮추다, 놀래다' 등의 말을 사용해요.

 주어가 대상에게 행동을 시키는 표현을 골라 동그라미(○)를 쳐 보세요.

13. 한새가 얼음을 (녹았다 / 녹였다).

14. 은별이는 강아지를 무릎에 (앉았어요 / 앉혔어요).

15. 수진이는 벽돌을 만들기 위해 진흙을 (굳혔다 / 굳었다).

16. 개구쟁이 삼촌이 조카를 (울었어요 / 울렸어요).

17. 형이 동생에게 책가방을 (맡겼다 / 맡았다).

 다음 그림을 보고 [보기]에서 적절한 말을 골라 주어진 주어에 알맞은 상황을 문장으로 표현해 보세요.

> **보기**
>
> 새 옷을, 새 옷으로,
> 입었다, 입혔다

18. 엄마가 지수에게

_____

24 일째

문장과 문장을 이어 주는 말 익히기

글은 여러 문장으로 이루어져 있어요. 이때 한 가지 주제를 제대로 전달하려면 문장과 문장을 짜임새 있게 연결해야 해요. 앞 문장과 뒤 문장이 서로 관련을 맺고 있어야 한다는 뜻이에요. 관련이 없는 내용을 쓰면 엉뚱한 글이 되어 버리거든요.

앞 문장과 뒤 문장은 덧붙이는 생각으로 연결될 수도 있고, 전혀 다른 생각으로 연결될 수도 있어요. 또 결과나 이유로 연결될 수도 있지요.

이렇게 앞 문장과 뒤 문장을 서로 관련지어 연결할 때는 두 문장 사이에 이어 주는 말을 넣기도 해요. 이에는 다음의 네 가지 종류가 있어요.

종류	이어 주는 말	예시
생각을 덧붙일 때	그리고, 더욱이, 또한, 뿐만 아니라 등	• 우리는 대관령으로 올라가 소들을 보았다. <u>그리고</u> 풍차도 보았다.
생각을 뒤집거나 바꿀 때	그러나, 그렇지만, 하지만, 그럼에도, 그런데 등	• 점심시간이 되었다. **하지만** 나는 급식실로 가지 않았다.
결과나 결론을 쓸 때	그래서, 그러므로, 따라서, 그러니까 등	• 산에 오르니 기분이 상쾌했다. <u>그래서</u> 나도 모르게 "야호"하고 소리쳤다.
이유나 원인을 쓸 때	왜냐하면, 그 이유는 등	• 점심시간에 밥을 먹다가 양호실에 갔다. **왜냐하면** 갑자기 배가 아팠기 때문이다.

그럼 이제 문장과 문장의 관계에 따라 이어 주는 말들을 적절히 사용하여 볼까요?

생각을 덧붙이거나 바꾸는 문장 이어 주기

앞 문장에 생각을 덧붙이는 문장을 이어서 쓸 때, '그리고, 또한, 그뿐만 아니라, 더욱이' 등의 말로 연결해요. 반대로 뒤 문장에 생각을 뒤집거나 바꾸는 내용을 쓸 때는 '그러나, 그렇지만, 그럼에도, 하지만, 그런데' 등의 말로 연결해요.

✏ 왼쪽의 (   ) 안에 들어갈 이어 주는 말을 오른쪽에서 골라 바르게 연결해 보세요.

1. 　한새는 과자를 집었다. (　　) 입에 대지 않았다.　● 　　● ① 또한

2. 　은별이는 책을 잘 읽는다. (　　) 글도 잘 쓴다.　● 　　● ② 그러나

✏ 다음 글의 빈칸에 이어 주는 말을 알맞게 써 보세요.

운동회에서 우리 반 대표로 이어달리기 경주에 나가게 되었다. **3.**

피구 선수로도 뽑혔다. **4.** 　　　　피구 경기에는 나가지 않기로

했다. 하고 싶어 하는 친구들이 많아서 양보하기로 했다.

✏ 다음 문장의 뒤에 나오는 이어 주는 말에 주의하여 뒤 문장을 자유롭게 써 보세요.

5. 나는 자전거 타는 것을 좋아한다. 그뿐만 아니라

6. 날씨가 몹시 추웠다. 그럼에도

7. 짝꿍이 같이 놀자고 하였다. 하지만

결과나 결론을 나타내는 문장 이어 주기

앞 문장이 원인이고 뒤 문장이 결과나 결론일 때 두 문장을 이어 주는 말로 '그래서, 그러므로, 따라서, 그러니까' 등을 사용해요.

✏️ 왼쪽의 ( ) 안에 들어갈 이어 주는 말을 오른쪽에서 골라 바르게 연결해 보세요.

8. 비가 올 것 같았다. (   )
   우산을 들고 학교에 갔다.

   ① 그런데

9. 동생은 밖에서 놀고 있다.
   (   ) 나는 숙제하고 있다.

   ② 그래서

✏️ 다음 문장의 뒤에 나오는 이어 주는 말에 주의하여 뒤 문장을 자유롭게 써 보세요.

10. 인간은 문자를 사용한다. 그러므로 _____

11. 독감에 걸려서 열이 나고 기침이 심하다. 따라서 _____

12. 어제도 늦게 잤구나. 그러니까 _____

✏️ 다음 밑줄에 뒤 문장의 이유나 근거에 해당하는 내용을 자유롭게 써 보세요.

13. _____. 그래서 나래가 반장이 되었다.

14. _____. 그러므로 여름휴가는 해수욕장이 좋다.

15. _____. 따라서 숙제를 못 했다.

이유나 원인을 나타내는 문장 이어 주기

　앞 문장이 결과이고 뒤 문장이 이유나 원인일 때 두 문장을 이어 주는 말로 '왜냐하면, 그 이유는' 등을 사용해요. 이때 서술어에 '~ 때문이다'를 써요.

　왼쪽의 (　) 안에 들어갈 이어 주는 말을 오른쪽에서 골라 바르게 연결해 보세요.

16.
> 배가 아팠다.
> (　　　) 병원에 갔다.

① 그래서

17.
> 병원에 갔다. (　　　)
> 배가 아팠기 때문이다.

② 왜냐하면

　다음 문장의 뒤에 나오는 이어 주는 말에 주의하여 뒤 문장을 자유롭게 써 보세요.

18. 친구는 소중하다. 왜냐하면 _____

19. 한 달 동안 학교에 못 간다. 그 이유는 _____

20. 오늘은 기분이 아주 좋다. 왜냐하면 _____

　다음 밑줄에 뒤 문장의 결과나 결론에 해당하는 내용을 자유롭게 써 보세요.

21. _____. 왜냐하면 다음 주가 설날이기 때문이다.

22. _____. 그 이유는 엄마한테 혼이 났기 때문이다.

23. _____. 왜냐하면 쓰레기가 너무 많기 때문이다.

5 STEP schedule

25일째	☐	그림을 그리듯이 묘사하는 글쓰기
26일째	☐	두 대상을 비교하는 글쓰기
27일째	☐	일어난 일을 시간 순서대로 글쓰기
28일째	☐	내 생각을 주장하는 글쓰기
29일째	☐	감정과 마음을 표현하는 글쓰기
30일째	☐	자유로운 주제 글쓰기

5단계

슥삭슥삭
문장과 문장을
연결하여
세 줄 글쓰기

25 일째 그림을 그리듯이 묘사하는 글쓰기

　이제 한 편의 글을 써 볼 거예요. 글은 문장과 문장을 연결하여 써요. 하지만 생각나는 대로 아무거나 쓰면 안 돼요. 한 가지 주제 아래 그와 관련한 내용을 담아야 글이라고 할 수 있어요.

　글을 쓰는 방법은 여러 가지가 있어요. 생김새를 자세히 관찰해서 쓸 수도 있고, 두 대상을 비교해서 쓸 수도 있고, 내 주장을 이유를 들어 쓸 수도 있죠. 이 중 자세히 관찰해서 쓰는 방법부터 알아보아요.

　대상을 자세히 관찰하여 그 모습을 있는 그대로 표현하는 글쓰기 방식을 '묘사'라고 해요. 사람이나 사물의 겉모습이나 경치 등을 마치 그림을 그리듯이 실감이 나게 쓰는 거예요. 그래서 묘사를 잘하려면 대상을 대충 보면 안 돼요. 멀리서 전체적인 모습도 보고, 가까이서 부분적인 모습도 보고, 만져 보기도 해야죠. 묘사하는 글을 쓰는 방법은 다음과 같아요.

① 쓸거리를 정해요.	예시 삼촌이 선물한 시계
② 대상의 전체적인 모습과 인상을 써요.	예시 • 모양: 둥근 원 모양, 아빠 얼굴만 하다. • 색깔: 테두리가 연두색, 어린 나뭇잎 같다.
③ 대상의 부분적인 모습과 인상을 써요.	예시 • 바늘: 특이함. 큰 바늘은 고양이가 바이올린을 켜는 모습, 작은 바늘은 쥐가 춤을 추는 모습
④ 내용을 정리하여 한 편의 글을 써요.	예시 삼촌이 벽시계를 선물로 주셨다. 아빠 얼굴만 한 둥근 모양이다. 테두리는 어린 나뭇잎처럼 연두색이다. 그런데 바늘이 좀 특이하다. 큰 바늘은 고양이가 바이올린을 켜는 모습이고, 작은 바늘은 쥐가 춤을 추는 모습이다. 시곗바늘이 움직일 때마다 고양이와 쥐가 즐겁게 노는 것 같다.

그럼 이제 묘사하기의 방법으로 글을 써 볼까요?

예시글 바꿔 쓰기

묘사하기는 대상을 있는 그대로 그림을 그리듯이 표현하는 글쓰기 방식이에요. 예시글을 읽고 그와 같이 묘사하는 글을 써 보세요.

1. 다음은 인물의 생김새를 묘사한 예시글이에요. 어떤 내용으로 표현했는지 읽어 보아요.

> 프란츠는 일곱 살입니다.
>
> 키는 참 작고, 얼굴은 아주 귀여워요.
>
> 검은 곱슬머리에 밤하늘처럼 검은 눈을 가지고 있어요.
>
> 입술은 앵두 같고, 뺨은 장밋빛인 데다가 포동포동해요. 꼭 호빵처럼요.

● 윗글은 생김새의 어떤 부분을 묘사하고 있나요?

키, 얼굴,

2. 다음 밑줄 친 부분에 적절한 내용을 넣어 위 예시글의 내용을 바꿔 써 보세요.

도움 묘사할 인물을 정하고, 그 인물의 생김새를 묘사해 봅니다.

> ＿＿＿＿＿＿는 ＿＿＿＿＿＿ 살입니다.
>
> 키는 ＿＿＿＿＿＿, 얼굴은 ＿＿＿＿＿＿.
>
> ＿＿＿＿＿＿ 머리에 ＿＿＿＿＿＿ 눈을 가지고 있어요.
>
> 입술은 ＿＿＿＿ 같고, 뺨은 ＿＿＿＿. 꼭 ＿＿＿＿ 처럼요.

동물이나 곤충을 자세히 묘사하는 글을 써 보세요.

 다음 동물을 보고 그 생김새와 특징 등을 묘사해 보세요.

3. 전체적인 모습은 어떤가요? (몸의 구조)

_____

_____

4. 부분적인 모습은 어떤가요? (머리, 꼬리 등)

_____

_____

5. 위에서 떠올린 내용을 정리하여 세 줄 이상 글로 써 보세요.

제목 : 올챙이의 생김새

_____

_____

_____

_____

내가 써 보기 ②

사물이나 환경을 자세히 묘사하는 글을 써 보세요.

✏️ 사람들이 많이 사용하는 휴대폰을 묘사하는 글을 써 보세요.

6. 휴대폰의 전체적인 모습은 어떤가요? 무엇을 닮았는지도 써 보세요.

❶ 모양 : _____

❷ 크기 : _____

7. 휴대폰의 부분적인 모습은 어떤가요?

❶ 앞면 : _____   ❷ 뒷면 : _____

❸ 화면 : _____

8. 위에서 떠올린 내용을 정리하여 세 줄 이상 글로 써 보세요.

제목 : _____

_____

_____

_____

_____

두 대상을 비교하는 글쓰기

사람들이 잘 모르는 대상을 설명할 때, 어떤 방식으로 글을 쓰면 좋을까요? 사람들이 잘 아는 대상과 견주어 쓰면 내용을 이해하기 쉽게 전달할 수 있어요. 예를 들어 외국인에게 우리 떡을 설명할 때 외국인이 잘 아는 빵에 견주어 쓰는 거죠. 또 두 대상을 동시에 설명할 때도 비교하는 방식으로 쓰면 내용을 흥미롭게 전달할 수 있어요.

비교는 둘 이상의 대상에 대하여 비슷한 점이나 차이점을 들어 설명하는 방법이에요. 비교할 때는 아무렇게나 마구 비교해서는 안 돼요. 어떤 점을 비교할 건지 기준을 정해야 해요. 예를 들면 크기, 모양, 색깔, 맛, 쓰임새, 성격 등의 기준으로 비교할 수 있어요. 비교하는 글을 쓰는 방법은 다음과 같아요.

① 쓸거리를 정해요.	예시 크레파스와 물감
② 두 대상의 비슷한 점을 써요.	예시 ● 쓰임새: 색칠할 때 사용. ● 색깔: 여러 가지가 있음.
③ 두 대상의 차이점을 써요.	예시 ● 쓰는 법: 물감은 물에 섞어서 씀. ● 촉감: 물감은 끈적끈적, 크레파스는 딱딱함.
④ 내용을 정리하여 한 편의 글을 써요.	예시 물감과 크레파스는 모두 색칠할 때 사용한다. 그래서 색깔이 다양하게 있다. 그런데 물감은 물에 섞어서 사용하기 때문에 마를 때까지 기다려야 하지만, 크레파스는 딱딱하기 때문에 색칠하고 바로 손을 갖다 대어도 묻지 않는다.

그럼 이제 비교하기의 방법으로 글을 써 볼까요?

예시글 바꿔 쓰기

비교하기는 두 대상의 비슷한 점과 차이점을 견주어 설명하는 글쓰기 방식이에요. 예시글을 읽고 그와 같이 비교하는 글을 써 보세요.

1. 다음은 자신과 친구를 비교한 예시글이에요. 어떤 기준으로 비교했는지 읽어 보아요.

> 나와 제일 친한 친구는 **윤정**이다. 우리는 **키**가 비슷하고 **좋아하는 음식**도 비슷하다.
> 둘 다 **떡볶이와 순대**를 좋아한다. 하지만 **성격**은 조금 다르다.
> 나는 **말을 많이 하지 않고 조용한 편**인데, 윤정이는 **말을 좀 많이 하고 활발하다**. 그래도 마음이 아주 잘 맞는다.

❶ '나'와 윤정이가 **비슷한** 점은 무엇인가요?

_____

❷ '나'와 윤정이가 **다른** 점은 무엇인가요?

_____

2. 다음 밑줄 친 부분에 적절한 내용을 넣어 위 예시글의 내용을 바꿔 써 보세요.

> 도움 자신과 비교할 인물을 정하고, 서로 비슷한 점과 차이점을 견주어 봅니다.

> 나와 제일 친한 친구는 ＿＿＿＿＿＿이다. 우리는 ＿＿＿＿＿＿이/가 비슷하고
>
> ＿＿＿＿＿＿도 비슷하다. 둘 다 ＿＿＿＿＿＿을/를 좋아한다.
>
> 하지만 ＿＿＿＿＿＿은/는 조금 다르다. 나는 ＿＿＿＿＿＿,
>
> ＿＿＿＿＿＿은/는 ＿＿＿＿＿＿. 그래도 마음이 아주 잘 맞는다.

내가 써 보기 ①

계절 등 자연물이나 환경을 비교하는 글을 써 보세요.

 다음 두 계절의 모습을 보고 비슷한 점과 차이점을 견주어 보세요.

3. 봄과 가을을 비교하는 내용을 다음 표에 작성해 보세요.

비교 기준 / 비교 대상	날씨	자연	농사	먹거리
봄		꽃		봄나물
가을	따뜻하다		수확하기	

4. 위에서 떠올린 내용을 정리하여 세 줄 이상 글로 써 보세요.

제목 : **봄과 가을**

_____

_____

_____

_____

좋아하는 음식을 비교하는 글을 써 보세요.

평소 좋아하는 음식을 두 가지 골라 비교하는 글을 써 보세요.

5. 좋아하는 음식을 두 가지 써 보세요.

_____

6. 두 음식이 비슷한 점은 무엇인가요?

_____

7. 두 음식이 다른 점은 무엇인가요?

_____

_____

8. 위에서 떠올린 내용을 정리하여 세 줄 이상 글로 써 보세요.

제목 :

_____

_____

_____

_____

일어난 일을 시간 순서대로 글쓰기

어린이들이 가장 많이 쓰는 글 중 하나가 일기예요. 일기를 쉽게 잘 쓰는 방법이 있을까요? 일기는 하루 동안 있었던 일 중에서 인상적이거나 기억에 남는 일을 쓰는 글이에요. 일기를 쓰는 대표적인 방식이 바로 시간 순서대로 쓰는 거예요. 내가 겪은 일, 혹은 나에게 일어난 일을 시간 순서대로 쓰면 그 과정을 쉽고 정확하게 기록할 수 있거든요.

시간 순서대로 글을 쓸 때는 육하원칙의 방법으로 문장을 쓰면 좋아요. 언제, 어디서, 누가, 무엇을, 어떻게, 왜 했는지 각 내용을 밝히는 거예요. 그리고 시간 순서이기 때문에 결과가 아니라 일이 진행된 과정을 써야 해요. '먼저, 처음에는, 이어서, 그다음에, 나중에' 등의 말로 문장을 연결하면 순서를 나타낼 수 있어요. 시간 순서대로 글을 쓰는 방법은 다음과 같아요.

① 쓸거리를 정해요.	예시 뱀 주사위 놀이
② 언제 어디서 누구와 있었던 일인지 써요.	예시 낮에 우리 집에서 동연이랑 뱀 주사위 놀이를 했다.
③ 그 일이 일어난 과정을 써요.	예시 내가 앞서 나감 ➡ 벌칙 칸에 걸림 ➡ 처음으로 돌아감 ➡ 동연이가 이김
④ 내용을 정리하여 한 편의 글을 써요.	예시 낮에 우리 집에서 동연이랑 뱀 주사위 놀이를 했다. 처음에는 내가 앞서 나갔다. 그러다 벌칙 칸에 걸려서 처음으로 돌아갔다. 이 틈에 동연이가 연속으로 6이 나와서 이겼다.

그럼 이제 일어난 일을 시간 순서대로 정리하여 글을 써 볼까요?

예시글 바꿔 쓰기

육하원칙을 생각하며 일어난 일을 시간 순서대로 써 보세요.

1. 다음은 하루 생활을 시간 순서대로 쓴 예시글이에요. 어떤 일들이 있었는지 읽어 보아요.

> 아침 8시 10분에 집을 나서 학교로 향했다. 학교에 도착하니 8시 25분 정도였다.
> 나는 수업을 시작하기 전까지 **책을 읽었다**. 첫 시간은 **국어** 시간이었다.
> **시**를 공부했는데 생각보다 **재미있었다**. 4교시를 마치고 **교실에서** 급식을 먹었다.
> 그리고 나서 5교시 **수학** 수업까지 다하고 수업을 마쳤다.

❶ 수업을 **시작하기 전**에 어떤 일이 있었나요?

_____

❷ 수업을 **시작한 후** 어떤 일들을 순서대로 쓰고 있나요?

_____

2. 다음 밑줄 친 부분에 적절한 내용을 넣어 위 예시글의 내용을 바꿔 써 보세요.

> 아침 _____ 에 집을 나서 학교로 향했다. 학교에 도착하니
>
> _____ 정도였다. 나는 수업을 시작하기 전까지 _____ .
>
> 첫 시간은 _____ 시간이었다.
>
> _____ 을/를 공부했는데 생각보다 _____ .
>
> 4교시를 마치고 _____ 에서 급식을 먹었다.
>
> 그리고 나서 5교시 _____ 수업까지 다하고 수업을 마쳤다.

내가 써 보기 ①

일어난 일이나 겪은 일을 시간 순서대로 써 보세요.

 다음 그림을 보고 어떤 일이 일어났는지 시간 순서대로 살펴보세요.

 →  →

3. 위 그림의 순서대로 일어난 일을 정리해 보세요.

❶ _____

❷ _____

❸ _____

4. 위에서 떠올린 내용을 정리하여 세 줄 이상 글로 써 보세요.

제목 : 등산한 하루

_____

_____

_____

_____

내가 써 보기 ②

생일 파티 등 기억에 남는 일이나 활동을 시간 순서대로 써 보세요.

✏ 기억에 남는 일 중 한 가지를 골라 시간 순서대로 써 보세요.

5. 최근에 가장 기억에 남는 일은 무엇인가요?

_____

6. 위 일은 언제 어디에서 누구와 있었던 일인가요?

_____

7. 위 일이 진행된 과정을 서너 가지 정도 순서대로 써 보세요.

_____ ➡ _____

➡ _____ ➡ _____

8. 위에서 떠올린 내용을 정리하여 세 줄 이상 글로 써 보세요.

제목 : _____

_____

_____

_____

_____

내 생각을 주장하는 글쓰기

다른 사람에게 내 의견을 설득하려면 어떤 방식으로 글을 써야 할까요? 이런 글을 주장하는 글, 또는 논설문이라고 해요. 주장하는 글은 다짜고짜 내 주장을 우기는 글이 아니라, 이유를 들어 논리적으로 설득하는 글이에요.

예를 들어, '숙제를 미리 하자.'는 주장을 한다면, '엄마가 시키니까'라는 이유보다 '놀다가 잊어버리고 안 할 수 있으니까'라는 이유가 더 이치에 맞아요. 숙제는 내가 할 일이기 때문에 누가 시켜서 한다는 건 이치에 맞지 않죠. 이렇게 이치를 따져보고 올바른 이유를 들어야 상대방을 설득할 수 있어요.

주장하는 글을 쓸 때는 '왜냐하면, 그 이유는, 그러므로, 따라서'라는 이어주는 말을 많이 사용해요. 주장하는 이유와 결과, 결론 등을 써야 하니까요. 주장하는 글을 쓰는 방법은 다음과 같아요.

① 주장을 정해요.	예시 숙제를 미리 하자.
② 주장에 대한 이유를 생각해요.	예시 • 놀다가 잊어버릴 수 있기 때문에 • 늦게 하면 대충할 수 있기 때문에
③ 주장을 실천하기 위한 방법을 생각해요.	예시 • 숙제 시간을 정하기 • 숙제를 안 하면 놀기 금지
④ 내용을 정리하여 한 편의 글을 써요.	예시 학교에서 돌아오면 숙제를 미루지 않고 미리 해야 한다. 그 이유는 놀다가 숙제가 있다는 걸 잊어버리고 안 할 수 있기 때문이다. 또 밤늦게 하면 마음이 급해 대충할 수 있다. 따라서 숙제 시간을 정해서 숙제를 미루지 말고 미리 하자.

그럼 이제 내 생각을 주장하는 글을 써 볼까요?

예시글 바꿔 쓰기

이유를 생각하며 주장하는 글을 써 보세요.

1. 다음은 친구에게 화를 내지 말자는 주장의 예시글이에요. 이유를 찾아보며 읽어 보아요.

> 친구에게 화내지 말자. 그 이유는 첫째, **친구의 기분이 상해 사이가 멀어질 수 있기** 때문이다. 둘째, **친구도 화가 나 큰 싸움이 벌어질 수 있기** 때문이다. 따라서 친구에게 화가 나도 **차분하게 말하자.**

❶ 윗글에서 친구에게 화내면 안 되는 **이유**를 찾아 써 보세요.

_____

❷ 친구에게 화내지 않고 **어떻게** 말해야 한다고 주장하고 있나요?

_____

2. 다음 밑줄 친 부분에 적절한 내용을 넣어 위 예시글의 내용을 바꿔 써 보세요.

> 친구를 놀리지 말자.
>
> 그 이유는 첫째, _____ 때문이다.
>
> 둘째, _____ 때문이다.
>
> 따라서 친구가 실수하거나 부족한 점이 있더라도 놀리지 말고 _____
>
> _____ .

환경 및 자연과 관련하여 보호해야 한다는 내용으로 주장하는 글을 써 보세요.

 다음 포스터를 보고 환경 보호에 대한 생각을 정리해 보세요.

3. 환경을 보호해야 하는 이유와 환경 문제를 해결하는
방법을 생각해 보세요.

❶ 이유:

_____

_____

_____

❷ 방법:

_____

_____

4. 위에서 떠올린 내용을 정리하여 세 줄 이상 글로 써 보세요.

제목 : 환경을 보호하자

_____

_____

_____

_____

내가 써 보기 ②

생활 속에서 지켜야 하는 일을 찾아 주장하는 글을 써 보세요.

✏ **생활 속에서 지켜야 하는 일 중 한 가지를 골라 주장하는 글을 써 보세요.**

5. 다음 주제 중에서 평소 지켜야 한다고 생각한 일을 하나 고르세요.

> ❶ 용돈을 아껴 쓰자 ❷ 바른 말을 쓰자 ❸ 정리 정돈을 잘하자

6. 위에서 고른 주장에 대해 그 이유를 두 가지만 써 보세요.

❶

❷

7. 위에서 고른 주장에 대해 그것을 실천하는 방법을 한 가지만 써 보세요.

8. 위에서 떠올린 내용을 정리하여 세 줄 이상 글로 써 보세요.

제목 :

일째 29

감정과 마음을 표현하는 글쓰기

우리는 생활하면서 하루에도 수십 가지 감정을 느껴요. 기쁨, 즐거움, 사랑, 고마움, 자신감과 같은 긍정적인 감정을 느끼기도 하고, 짜증, 화, 싫증, 귀찮음, 부끄러움, 우울함, 무서움과 같은 부정적인 감정을 느끼기도 하죠. 아쉬움이나 그리움 같은 감정을 느낄 때도 있어요.

이런 감정 중에는 금방 사라지는 것도 있지만, 마음에 오래 남아 그 상황에 대해 자꾸 생각하게 하는 것도 있어요. 이럴 땐 누군가에게 내 마음을 모두 털어놓고 싶죠. 이때 감정과 마음을 솔직하게 표현하는 글을 써 보는 거예요.

감정을 표현하는 글을 쓰면, 자신의 감정을 더 정확히 이해할 수 있고 다른 사람의 감정도 깊이 공감할 수 있어요. 그리고 그 감정을 일으킨 상황을 제대로 이해하여 반성할 수 있어요. 감정과 마음을 표현하는 글을 쓰는 방법은 다음과 같아요.

① 감정을 떠올려요.	예시 속상한 일
② 그 감정을 느낀 상황을 떠올려요.	예시 동생과 싸운 일에 대해 엄마가 나만 혼낸 상황
③ 왜 그런 감정을 느꼈는지 생각해요.	예시 동생이 먼저 시비를 걸어서 싸운 건데 엄마가 내 말을 듣지 않고 동생 편만 들면서 나만 혼낸 것이 불공평하다고 생각했기 때문에
④ 내용을 정리하여 한 편의 글을 써요.	예시 동생과 싸웠는데 엄마가 나만 혼내서 무척 속상했다. 동생이 먼저 시비를 걸어서 싸우게 된 건데 엄마는 내 말을 듣지 않고 동생 편만 들며 나만 혼냈다. 엄마가 정말 불공평하다고 생각했다.

그럼 이제 나의 감정과 마음을 표현하는 글을 써 볼까요?

예시글 바꿔 쓰기

다양한 상황 속에서 어떤 감정을 느끼는지 정리해 보세요.

1. 다음은 감정을 느끼는 상황을 표현한 예시글이에요. 자신의 감정과 비교하며 읽어 보아요.

> **선생님한테 칭찬받을** 때 기뻐요.
>
> **엄마가 갑자기 게임을 금지할** 때 화가 나요.
>
> **친한 친구와 다른 반이 될** 때 슬퍼요.
>
> **엄마랑 게임 얘기를 할** 때 즐거워요.
>
> **짝꿍이 다른 친구와 귓속말할** 때 외로워요.

● 윗글에서 표현하고 있는 **감정**을 모두 찾아 써 보세요.

_____

2. 다음 밑줄 친 부분에 감정을 느끼는 적절한 상황을 넣어 위 예시글의 내용을 바꿔 써 보세요.

_____ 때 기뻐요.
_____ 때 화가 나요.
_____ 때 슬퍼요.
_____ 때 즐거워요.
_____ 때 외로워요.

감정과 마음을 표현하는 글을 써 보세요.

 다음 그림을 보고 어떤 감정을 느꼈는지 정리해 보세요.

3. 위 그림을 보고 어떤 감정을 느꼈는지 한 가지만 고르세요.

❶ 슬프다   ❷ 안타깝다   ❸ 불쌍하다   ❹ 도와주고 싶다

4. 왜 그런 감정을 느꼈는지 위 강아지가 처한 상황을 추측해 보세요.

_____

5. 위에서 떠올린 내용을 정리하여 세 줄 이상 글로 써 보세요.

제목 :

_____

_____

_____

_____

내가 써 보기 ②

일상생활 속에서 느끼는 감정을 돌아보고 그와 관련한 상황을 글로 써 보세요.

✏️ 최근에 느꼈던 감정들을 떠올려 보고 감정과 마음을 표현하는 글을 써 보세요.

6. 최근에 느꼈던 감정 중에서 마음에 오래 남은 감정은 무엇인가요?

_____

7. 어떤 상황에서 위의 감정을 느꼈나요?

_____

8. 위의 감정을 느낀 이유는 무엇인가요?

_____

_____

9. 위에서 떠올린 내용을 정리하여 세 줄 이상 글로 써 보세요.

제목 :

_____

_____

_____

_____

자유로운 주제 글쓰기

'생각은 자유'라는 말이 있어요. 우리 머릿속에 떠오르는 생각들은 정말 다양하고 아주 많아요. 한 가지 생각을 떠올리면 꼬리에 꼬리를 물어 다른 생각들이 연달아 떠오르죠.

예를 들어, 사과를 떠올리면, 백설 공주가 독사과를 먹은 이야기나 사과파이, 사과주스와 같은 음식이 떠오를 수 있어요. 이어서 백설 공주 이야기의 다른 장면들, 빵집이나 가게에 파는 다른 음식들도 떠오르죠.

이런 생각 중에는 재미있고 기발한 생각도 많아요. 이걸 글로 표현하면 나만의 개성을 보여 줄 수 있는 글을 쓸 수 있어요. 스스로 주제를 정해 글을 쓰는 거예요. 자유로운 주제로 글을 쓰는 방법은 다음과 같아요.

① 주제를 정해요.	예시 스파이더맨이 된다면?
② 주제에 관한 내용을 많이 떠올려요.	예시 ● 위험에 빠진 사람을 도와준다. ● 사고가 나면 경찰보다 빨리 간다. ● 사람들한테 들키지 않도록 조심해야 한다.
③ 내용을 정리하여 한 편의 글을 써요.	예시 스파이더맨이 되면 좋겠다. 그러면 위험에 빠진 사람을 도와줄 거다. 사고가 나면 경찰보다 빨리 가서 구해 주고 나쁜 사람을 잡을 거다. 그런데 사람들한테 들키지 않도록 조심해야 한다.

그럼 이제 자유로운 주제로 나의 개성을 담은 글을 써 볼까요?

자유로운 주제 생각하기

나만의 개성과 상상력을 펼칠 수 있는 재미있는 주제들을 만들어 보세요.

1. 다음 주제 중에서 마음에 드는 것을 하나 고르고 어떤 내용을 쓰고 싶은지 생각해 보세요.

1	친해지고 싶은 친구
2	나에게 100만 원이 생긴다면
3	나에게 요술 램프가 있다면
4	친구나 가족에게 칭찬하기
5	어른이 되어서 하고 싶은 일
6	내 몸이 거인처럼 커진다면

2. 위의 주제들을 참고하여 쓰고 싶은 주제를 여섯 가지 정도 자유롭게 떠올려 보세요.

7	
8	
9	
10	
11	
12	

그림을 보고 자유롭게 상상하여 글을 써 보세요.

 다음 그림을 보고 자유롭게 생각을 떠올려 보세요.

3. 은별이는 어떻게 마법 풍선을 발견했을까요?

_____

4. 세 번째 그림에는 어떤 장면이 들어갈까요?

_____

5. 위의 장면들과 이어서 상상한 내용을 연결하여 세 줄 이상 글로 써 보세요.

제목 : **마법 풍선**

_____

_____

_____

_____

내가 써 보기 ②

스스로 주제를 정해 자유롭게 글을 써 보세요.

✏️ 마음에 드는 주제를 하나 골라 나만의 생각과 상상을 펼치는 글을 써 보세요.

6. 135쪽에 있는 열두 가지 주제 중에서 쓰고 싶은 주제를 하나 고르세요.

_____

7. 위에서 고른 주제에 관한 내용을 세 가지만 떠올려 보세요.

❶
_____

❷
_____

❸
_____

8. 위에서 떠올린 내용을 정리하여 세 줄 이상 글로 써 보세요.

제목 : _____

_____

_____

_____

_____

답안 도우미

11쪽 (※ 1단계 - 1일째)

1. ② 참고 한새는 '낱말', 은별은 '구'로 말했어요. '구'는 두 개 이상의 낱말이 모여 하나의 낱말처럼 쓰이는 말이에요.

2. 토끼가 당근을 먹는다.

3. 바람이 솔솔 붑니다.

4. 부엌에 개미가 들어왔어요.

12쪽

참고 이 내용들은 앞으로 더욱 자세히 학습할 거예요. 여기서는 틀린 이유를 알기보다 바른 문장 자체에 대한 직관적 감각을 틔워 봅니다.

5. 을   6. 에서

7. 것이다.

참고 '꿈'이 두 번 나와서 하나는 삭제해요.

8. 않았다.

참고 '쓰다'가 두 번 나와서 하나는 삭제해요.

9. ③   10. ②   11. ①

13쪽

12. 예시 책 제목: 손으로 말하는 헬렌 켈러 / 지은이: 김미혜 / 출판사: 다락원 / 마음에 드는 문장 (23)쪽: 아하! 이건 손바닥으로 쏟아져 내린 물을 뜻하는구나.

13. 예시 마루는 줄넘기 2단 뛰기도 잘한다., 매일 줄넘기를 하면 몸이 건강해진다. 등

14. 예시 사진 안에는 추억이 있다., 사진을 찍어서 추억을 남긴다. 등

15. 예시 학교 갈 때 자전거를 타고 간다., 자전거를 타다가 넘어졌다. 등

16. 예시 엄마한테 야단맞았어요., 마루가 자전거를 잃어버렸어요. 등

15쪽(※ 1단계 - 2일째)

1. ①, ④, ⑤

2. ②   3. ①   4. ②   5. ①

16쪽

참고 '글꼬리 짧게 하기'는 좋은 문장의 요건 중 하나이지만 모든 경우에 이를 꼭 지켜야 하는 건 아니에요. 필요하다고 판단하면 '~을/를 하다'라고 쓸 수 있어요.

6. 청소했다   7. 기침했다

8. 악수했다   9. 공부했어요

10. 맛있어요   11. 멋있는

17쪽

12. 한다   13. 간다

14. 먹는다   15. 본다

16. 좋다   17. 상쾌하다

19쪽 (※ 1단계 - 3일째)

1. 나래가

2. 토끼가

3. ①   4. ①

5. ③ 참고 주어가 문장 중간에 들어가 있어요. '무엇이 내렸나요?'라는 질문으로 주어를 찾을 수 있어요.

20쪽

6. 가 참고 앞말이 받침이 없을 때

7. 이 참고 앞말이 받침이 있을 때

8. 께서 참고 앞말을 높일 때

9. 마루가, 마루는   10. 할머니께서

11. 생선이, 생선은

21쪽

12. ②   13. ①

14. 도   15. 만

16. 내가, 나는, 나도 (참고 반장이 여러 명일 경우 쓸 수 있어요.), 나만 (참고 다른 사람은 반장이 아니라는 뜻이 담겨 있어요.) 등

참고 '나' 자리에 구체적인 사람 이름을 써도 돼요.

17. 초콜릿이, 초콜릿은, 초콜릿도, 초콜릿만 등

참고 설명은 16번과 같아요.

18. 아버지께서, 아버지께서만, 아버지께서도 등

참고 '부르셨다'가 높임 표현이어서 '께서'를 써요.

23쪽 (※ 1단계 - 4일째)

1. 만나다, 자르다, 읽다, 기다리다, 보내다, 놀다

2. 먹는다   3. 쓰다듬는다   4. 줍는다

5. 예시 한별이는 놀이터에서 논다., 한별이는 동생과 레고 블록을 가지고 하루 종일 놀았다. 등

참고 무얼 하며 어떻게 놀았는지 구체적으로 쓰면 더 좋아요.

6. 예시 마루는 놀이터에서 친구를 기다렸다., 마루는 생일을 손꼽아 기다린다. 등

24쪽

7. 외롭다, 뜨겁다, 시끄럽다, 귀엽다, 동그랗다,

곱다

8. 부드럽다   9. 작다   10. 길쭉하다

11. 예시 강아지가 아주 귀엽다., 생긋 웃는 모습이 귀엽다. 등

12. 예시 공사하는 소리가 시끄럽다., 놀이공원에 사람이 많이 와서 시끄러웠다. 등

25쪽

13. ②, ④ 참고 타조는 새이고, 새는 동물이에요. 그래서 타조는 새라고 할 수도 있고, 동물이라고 할 수도 있어요.

14. 외국인   15. 반장   16. 짝꿍

17. 예시 피자, 치킨, 돈가스, 떡볶이, 자장면, 불고기, 갈비 등

18. 예시 연필, 공책, 자, 지우개 등

27쪽 (※ 1단계 - 5일째)

1. 김밥을   2. 노래를   3. ②

4. ① 참고 주어가 생략되어 있고, 목적어가 문장 맨 앞에 나왔어요. '무엇을 읽었나요?'라는 질문으로 목적어를 찾을 수 있어요.

5. ③

28쪽

6. 를   7. 을

8. (빨간색) 물감을   9. (파란색) 색종이를

10. 강아지를, 강아지 그림을   11. 붓을

29쪽

12. ②   13. ①   14. 예시 던졌다, 찼다 등

15. **예시** 우표를, 딱지를, 몽당연필을 등

16. **예시** 땀을, 땀방울을 등

17. **예시** 사탕을 사다., 사탕을 먹다. 등

18. **예시** 사진을 보다., 사진을 찍다., 사진을 고르다. 등

31쪽 (※ 1단계 - 6일째)

1. 수탉이   2. 별이

3. ① **참고** 문장 ②번의 보어는 '번데기가'이고, ③번의 보어는 '물고기가'이에요.

4. ②   5. ③

32쪽

6. ②   7. 밤이   8. 음악회장이

9. **예시** (강아지)똥이, 낙엽이 등

10. **예시** 반장이, 선생님이, 마법사가 등

11. **예시** 벼 이삭이, 곡식이, 열매가 등

참고 창의력과 상상력을 발휘하여 비유적인 표현을 떠올려 보세요. 땀방울은 보통 노력, 수고 등을 의미해요. 농부의 수고를 통해 얻게 되는 것이 무엇인지 생각해 봅니다.

33쪽

12. ③ **참고** 사람과 인간은 같은 뜻이기 때문에 부정하면 말이 안 돼요.

13. 개구리가

14. 물고기도 **참고** 올챙이는 당연히 두꺼비도 아

니고 해조류도 아니에요. 그러나 보통 '아니다'라는 부정 표현을 쓸 때는, 주어와 가장 비슷하거나 주어와 가까운 듯 생각되지만 사실은 아닌 것을 써서 헷갈리는 사실을 분명하게 표현해요.

15. **예시** 걸레가   16. **예시** 밤은

17. **예시** 친구가

37쪽 (※ 2단계 - 7일째)

1. 할아버지와   2. 얼굴에, 뺨에

3. **예시** 감자와   4. **예시** 짝꿍과

5. **예시** 나는 언니와 식성이 비슷하다.

6. **예시** 할머니는 병원에 다니세요.

38쪽

7. 나래에게   8. 선생님에게

9. **예시** 딱지를   10. **예시** 사촌 언니에게

11. **예시** 나는 형에게 자전거 타는 법을 배웠다.

12. **예시** 나는 선생님에게 답을 물었다.

39쪽

13. 필통에   14. 책가방에서

15. **예시** 상자에서   16. **예시** 공책을

17. **예시** 나래는 목걸이를 보석함에 보관했다.

18. **예시** 나는 쓰레기를 쓰레기통에 버렸다.

41쪽 (※ 2단계 - 8일째)

참고 서술어의 종결 표현은 더욱 다양한 형태로 쓸 수 있어요. 예를 들어 평서문만 보아도 '간다, 갔다, 가겠다, 갑니다…' 등으로 나타낼 수 있지요. 여기서는 가장 기본적인 표현을 중심으로 익

혀 봅니다.

1.	간다.
	가니?
	가라.
	가자.
	가는구나!

2.	논다.
	노니?
	놀아라.
	놀자.
	노는구나!

3.	읽는다.
	읽니?
	읽어라.
	읽자.
	읽는구나!

4.	만든다.
	만드니?
	만들어라.
	만들자.
	만드는구나!

42쪽

5. ① 읽었다., 읽겠다., 읽습니다.
   ② 읽을까?, 읽었어?, 읽었느냐?
6. ① 놀았다., 놀겠다., 놉니다.
   ② 놀까?, 놀았어?, 놀았느냐?
7. ① 비행기가 날아가니?
   ② 비행기가 날아가는구나!

43쪽

8. ③   9. ②
10. 다음에는 친구를 데리고 오자.
11. 모두 함께 손을 잡아라.

45쪽 (※ 2단계 - 9일째)

1. ②   2. ③
3. ④   4. ①
5. ①   6. ②
7. ②   8. ①

46쪽

9. 한새   10. 마루   11. 드리고   12. 넘어
13. 낫기를   14. 띠었다

47쪽

15. 같고   16. 메고
17. 늘여   18. 늘려
19. 예시 동생과 나는 성격이 아주 다르다.
20. 예시 수학 단원 평가에서 3개 틀렸다.
21. 예시 선생님의 피아노 반주에 맞추어 노래를 불렀다.
22. 예시 시계가 두 시를 가리켰다.

49쪽 (※ 2단계 - 10일째)

1. ④   2. ①   3. ②   4. ③
5. ②   6. ②   7. ②   8. ①

50쪽

9. 은별   10. 나래   11. 어떡해, 어떻게 해
12. 웬   13. 이따가   14. 바라

51쪽

15. 반드시   16. 반듯이   17. 왠지
18. 햇볕
19. 예시 감자를 삶아서 껍질을 살살 벗기고 먹었다.
20. 예시 한새에게 택배를 부쳤어요.
21. 예시 편지 봉투에 우표를 붙였어요.
22. 예시 독립운동가들은 나라를 위해 목숨을 바쳤어요.

53쪽 (※ 2단계 - 11일째)

1. ②　2. ②　3. ①

4. 나무가V쑥쑥V자란다.

5. 지루한V책을V읽었다.

6. 우리V같이V학교에V가자.

7. 체육V시간에V줄넘기를V했다.

54쪽

8. ②　9. ②　10. ①

11. 학교에서V연을V만들V것이다.

12. 얼굴만V봤을V뿐이다.

13. 먹을V만큼V먹어라.

14. 지칠V대로V지쳤다.

55쪽

15. ②　16. ①　17. ①

18. 운동장에서V축구를V했다.

19. 마음이V바다처럼V넓다.

20. 언니만큼V옷을V샀어.

21. 규칙대로V청소를V했다.

59쪽 (※ 3단계 - 12일째)

1. 예시 하얀, 부드러운 등

2. 예시 뛰는, 달리는 등

3. ②　4. ①

5. ②　6. ③

60쪽

7. 우람한 아기　8. 가벼운 발걸음

9. 어수선한 방　10. 심각한

11. 어두컴컴한　12. 푸짐한

13. 예시 새 옷을 입으니 기분이 좋다., 헌 신발을 버렸다. 등

61쪽

14. 지저귀는 새　15. 굴러가는 공

16. 미소 짓는 친구　17. 말하는　18. 읽는

19. 마시는

20. 예시 웃는 얼굴에 침 뱉을까., 우는 아이 떡 하나 더 준다. 등

63쪽 (※ 3단계 - 13일째)

1. ③　2. ④　3. ①　4. ②

5. ④　6. ②　7. ③

64쪽

8. 날쌔게　9. 깨끗이, 깨끗하게

10. 슬며시　11. 가까스로　12. 샅샅이

13. 예시 나는 살을 빼기 위해 꾸준히 운동했다., 무슨 생각을 그렇게 골똘히 하니? 등

65쪽

14. ②　15. ③　16. ①

참고 17~19번 문제의 답은 여러 가지가 있을 수 있습니다. 제시하는 답은 권하는 내용입니다.

17. 너무　18. 몹시, 아주　19. 정말

20. 예시 지난번 일은 참 미안하다., 수박이 생각

보다 조금 작았어요. 등

67쪽 (※ 3단계 - 14일째)

1. ④   2. ③   3. ①   4. ②
5. ②   6. ①   7. ①   8. ②

68쪽

9. ③   10. ①   11. ②
12. 쉭쉭   13. 두런두런   14. 우당탕
15. 예시 교실 안에서 아이들이 왁자지껄 떠들었다., 귀에 대고 소곤소곤 귓속말했다. 등

69쪽

16. ②   17. ③   18. ①
19. 펄쩍펄쩍   20. 빼꼼   21. 으슬으슬
22. 예시 나는 마음에 들지 않아 입을 삐죽 내밀었다., 추워서 그런지 몸이 부르르 떨렸다. 등

71쪽 (※ 3단계 - 15일째)

1. 어두운, 총총   2. 우람한, 빽빽하게
3. 예시 두꺼운, 열심히 등
4. 예시 커다란, 힘차게 등
5. 예시 심각한, 빤히 등
6. 예시 포근한, 금방 등
7. 예시 휘어진 우산을 겨우 썼다.

72쪽

8. 예시 용감하고 씩씩한 등
9. 예시 활달하고 친절한 등

10. 예시 덩치가 큰, 교복을 입은 등
11. 예시 눈이 큰, 머리를 묶은 등
12. 목소리가 큰
13. 사탕을 입에 문

73쪽

14. 예시 가늘고 긴
15. 예시 작고 노란
16. 예시 부드럽고 보송보송한
17. 예시 둥글고 납작한
18. 지우개가 달린
19. 불이 번쩍이는
20. 한쪽 끈이 떨어진

75쪽 (※ 3단계 - 16일째)

1. 예시 사탕, 초승달, 단춧구멍 등
2. 예시 단풍잎, 찹쌀떡, 나무껍질 등
3. ③   4. ①   5. ②
6. 예시 천둥, 개미, 옥구슬 등
7. 예시 미소, 얼굴, 마음 등
8. 예시 큰 선물을 받은, 하늘을 날아오르는, 세상의 주인공의 된 등

76쪽

9. 예시 가수, 돼지, 천사 등
10. 예시 지렁이, 달팽이, 굼벵이 등
11. ③   12. ②   13. ①
14. 예시 조잘댔어요, 종알거렸어요 등
15. 예시 보물, 다이아몬드, 우리 가족 등
16. 예시 몸이 얼어붙은, 눈사람이 된, 갑자기 기절한 등

77쪽

17. 예시 아파요., 춤을 춰요., 잠을 자요. 등
18. 예시 웃어요., 노래해요., 슬퍼해요. 등
19. ②　20. ①　21. ③
22. 예시 함박눈이 밤새 말없이 내렸어요.
23. 예시 자동차는 나의 친구이다.

79쪽 (※ 3단계 - 17일째)

1. 해가 질 무렵에　2. 마당에서
3. 나와 동생, 강아지 누렁이, 달팽이
4. 나와 동생: 방문을 열어 마당으로 나갔다., 풀
밭을 내려다보았다.
　누렁이: 풀밭을 보면서 짖었다.
　달팽이: 풀잎 끝에 매달려 있었다.
5. 나와 동생: 강아지 누렁이가 짖어서, 누렁이가
풀밭을 보고 있어서
　누렁이: 달팽이가 풀잎에 매달려 있어서
　달팽이: 알 수 없음

80쪽

6. 어제 도서관에서 독서록을 쓰려고 책을 읽었다.
7. 나는 독서록을 쓰려고 도서관에서 책을 읽었다.
8. 예시 아침에 골목에서, 오후에 공원에서, 낮에
학교 주변에서 등
9. 예시 맨손체조를 했다., 줄넘기를 했다., 각자
좋아하는 운동을 했다. 등
10. 예시 천둥 치는 소리에, 바스락거리는 소리에,
아빠가 깨워서, 악몽 때문에 등

81쪽

11. 5교시
12. 그림을 그렸다.
13. 학교 그리기 대회
14. 예시 짝꿍이 운동장에서 그네를 탔다., 선생님
이 교실에서 우리에게 수학을 가르치셨다. 등
15. 예시 나는 피아노 학원에 가려고 버스를 기다
렸다., 지수는 친구 생일이라 선물을 샀다. 등

83쪽 (※ 3단계 - 18일째)

1. ②, ③
2. 고　3. 고　4. 지만
5. 비빔냉면은 비벼서 먹고, 물냉면은 시원하게
먹는다.
6. 장마철에는 비가 많이 오지만, 가뭄에는 비가
거의 오지 않는다.

84쪽

7. ②
8. 니까　9. 려고　10. 으려고
11. 책을 읽지 않아서(않으니까) 질문에 답하지
못했다.
12. 쉬지 않고 달리니까(달려서) 숨이 찼다.

85쪽

13. ③ 참고 문장 ③은 문법적으로 틀렸다기보다
'어색한' 문장이에요. '-지만'은 앞 내용에 반대되
는 내용을 연결하는 말이기 때문에 다른 보충 설
명이 없다면 '기분이 안 좋을 거다.'라고 쓰는 것
이 더 자연스러워요.
14. 프면　15. 으면　16. 을수록

17. 스마트폰 게임을 하면(할수록) 눈이 나빠질
수 있다.
18. 나이를 먹을수록 그는 마음이 약해졌다.

89쪽 (※ 4단계 - 19일째)

1. ②
2. 몰랐어　3. 없어요
4. 낫지 않았다　5. 없었다
6. **예시** 별로 더운 줄 모르겠어요., 별로 기분이 좋지 않았다. 등
7. **예시** 절대로 너랑 사귀지 않을 거야., 절대로 친하게 지내지 않을 거다. 등

90쪽

8. ③
9. 갔니?　10. 먹었나요?
11. 왔을까?　12. 거야?
13. **예시** 마루가 설마 저 밥을 혼자 다 먹을라고?, 설마 나를 모른 척하진 않겠지? 등
14. **예시** 도대체 뭘 보고 있니?, 도대체 네가 무슨 말을 하는지 모르겠어. 등

91쪽

15. ②
16. 청소해야 해.
17. 끝내야 해.
18. 비록　19. 마치
20. **예시** 비록 다리를 다쳤지만 끝까지 뛰었다., 비록 실력이 부족할지라도 대회에 나갈 거다. 등
21. **예시** 드디어 학교에 가게 되었다., 드디어 내가 좋아하는 친구와 짝꿍이 되었다. 등

93쪽 (※ 4단계 - 20일째)

1. ②　2. ①　3. 못　4. 안, 안

94쪽

5. ③
6. 이 친구는 우리 동네에 안 살아요.
7. 새 옷으로 안 갈아입었다.
8. 한새는 제시간에 학교에 가지 않는다.
9. 나는 물건을 함부로 버리지 않는다.
10. 바람이 생각보다 세게 안 불었다.

95쪽

11. ①　**참고** ③의 '급하게 오느라'를 부정하고 싶다면 '안'을 쓰는 것이 더 적절해요.
12. 운동장에 학생들이 많이 못 모였다.
13. 친구들 앞에서 노래를 못 불렀다.
14. 승진이는 형과 야구를 하지 못했다.
15. 독감에 걸려서 태권도 도장에 가지 못했다.
16. 늦게 자서 아침에 일찍 못 일어났다.

97쪽 (※ 4단계 - 21일째)

1. ②　2. ②　3. ①
4. 한새는 영화를 보러 갔습니다.
5. 텔레비전이 아주 커요.
6. 우리 집은 일요일마다 대청소를 해요., 우리 집은 일요일마다 대청소를 합니다.

98쪽

7. 할아버지께서 책을 읽으신다.
8. 아버지께서 칭찬을 하셨다.

9. 어머니께서 영어 숙제를 도와주셨다.

10. ①   11. ③   12. ②

13. 어제 할머니께서 우리 집에서 주무셨다.

14. 손님이 계실 때는 떠들면 안 된다.

99쪽

15. ②   16. ③

17. 숙제가 무엇인지 선생님께 여쭈어보았다.

18. 할아버지께 곶감을 드렸다.

19. 설에는 외할머니를 뵈러 외가에 간다.

101쪽 (※ 4단계 - 22일째)

1. ③

2. 바람이 쌩쌩 불었다.

3. 선생님께서 뭐라고 말씀하셨는지 궁금했다.

4. 어제(그제, 지난주에 등) 피자를 먹었다.

5. 예시 어제 친구 생일 파티에 갔다.

6. 예시 작년에 할머니께서 다리 수술을 받으셨다.

102쪽

7. ②

8. 친구들과 박물관에 간다.

9. 줄넘기 시험을 본다.

10. 미술 시간에 그림을 그린다.

11. 예시 지금 청소를 하고 있다.

12. 예시 현재 시각은 오전 11시 20분이다.

103쪽

13. ③ 참고 소망을 나타내는 문장이에요.

14. 일요일에 책상을 정리하겠다(할 것이다).

15. 나래는 돈가스를 먹을 것이다.

16. 내일(이따가, 모레 등) 수학 공부를 하겠다 (할 것이다).

17. 예시 내일 영화를 볼 거다.

18. 예시 내년에 인천으로 이사를 갈 거다.

105쪽 (※ 4단계 - 23일째)

1. 엄마   2. 동생

3. 잡았다   4. 잡혔다

5. 먹는다   6. 먹인다

106쪽

7. 열렸다   8. 섞였어요   9. 쌓였다

10. 물렸어요   11. 보였다

12. 경찰에게 쫓기고 있다.

107쪽

13. 녹였다   14. 앉혔어요   15. 굳혔다

16. 울렸어요   17. 맡겼다

18. 새 옷을 입혔다.

109쪽 (※ 4단계 - 24일째)

1. ②   2. ①

3. 그리고, 또한, 그뿐만 아니라 등

4. 그러나, 하지만, 그럼에도 등

5. 예시 스케이트보드 타는 것도 좋아한다.

6. 예시 밖에 나가서 놀았다.

7. 예시 나는 놀고 싶지 않았다.

110쪽

8. ②　　9. ①

10. 예시 동물과 다르다.

11. 예시 이번 주는 학교에 가지 말아야 한다.

12. 예시 아침에 늦게 일어났지.

13. 예시 나래는 친구들에게 친절하다.

14. 예시 해수욕장은 시원하고 신난다.

15. 예시 어제 할머니 댁에서 제사를 지냈다.

111쪽

16. ①　　17. ②

18. 예시 내 마음을 잘 알아주기 때문이다.

19. 예시 다리를 다쳤기 때문이다.

20. 예시 선생님께 칭찬을 들었기 때문이다.

21. 예시 집 구석구석을 청소했다.

22. 예시 하루 종일 답답하고 기분이 울적했다.

23. 예시 분리수거를 철저히 해야 한다.

115쪽 (※ 5단계 - 25일째)

1. 머리(카락), 눈, 입술, 뺨

2. 예시 동윤이는 여덟 살입니다. 키는 보통이고, 얼굴은 길쭉해요. 짧게 깎은 스포츠머리에 단춧구멍같이 작은 눈을 가지고 있어요. 입술은 떡볶이 같고, 뺨은 반들반들해요. 꼭 조약돌처럼요.

116쪽

3. 조약돌 같은 둥근 머리에 꼬리가 달려 있음.

4. 꼬리 옆에 얇은 지느러미가 붙어 있고, 줄무늬

가 있음. 헤엄칠 때 꼬리가 떨림. 등

5. 예시 시골 외할머니 댁 논에서 올챙이를 보았다. 조약돌같이 둥글넓적한 머리에 날씬한 꼬리가 달려 있었다. 꼬리 옆에는 얇은 지느러미가 붙어 있었다. 자세히 보니 지느러미에 줄무늬가 있었다. 헤엄칠 때마다 꼬리가 파르르 떨렸다.

117쪽

참고 다음 도움말은 모두 예시 입니다.

6. ① 수첩처럼 반듯한 직사각형 모양

　② 손바닥만 한 크기

7. ① 통째로 화면

　② 카메라 렌즈, 지문 인식 홈

　③ 가족사진, 가지런한 앱

8. 제목: 엄마의 휴대폰

엄마의 휴대폰은 흰색 스마트폰이다. 수첩처럼 반듯한 직사각형 모양인데 모서리는 조금 둥글다. 크기는 어른 손바닥만 하다. 앞면은 통째로 화면이고, 뒷면엔 작은 구멍만 한 카메라 렌즈와 지문을 인식하는 동그란 홈이 나 있다. 휴대폰을 켜면 화면에 우리 가족사진이 나오고, 그 위에 여러 가지 앱이 가지런하게 깔려 있다.

119쪽 (※ 5단계 - 26일째)

1. ① 키, 좋아하는 음식

　② 성격

2. 예시 나와 제일 친한 친구는 주희이다. 우리는 좋아하는 음식이 비슷하고, 좋아하는 가수도 비슷하다. 둘 다 김밥과 방탄소년단을 좋아한다. 하지만 취미는 조금 다르다. 나는 영화 보는 것을 좋아하고, 주희는 책 읽는 것을 좋아한다. 그래도 마음이 아주 잘 맞는다.

120쪽

3.

비교 기준 / 비교 대상	날씨	자연	농사	먹거리
봄	따뜻하다	꽃	씨뿌리기	봄나물
가을	따뜻하다	단풍	수확하기	과일

4. 예시 봄과 가을은 날씨가 모두 따뜻하고, 자연의 빛깔도 비슷하다. 둘 다 알록달록 아름답다. 봄에는 예쁜 꽃들이 피고 가을에는 울긋불긋 단풍이 든다. 하지만 농사와 먹거리는 다르다. 봄에는 씨를 뿌리고 가을에는 농작물을 수확한다. 그리고 봄에는 나물을 캐고 가을에는 과일을 딴다.

121쪽

참고 다음 도움말은 모두 예시 입니다.

5. 라면과 스파게티

6. 둘 다 면 음식, 여러 가지 맛

7. 면발, 만드는 법

8. 제목: 라면과 스파게티

라면과 스파게티는 비슷하다. 둘 다 면 음식이고 여러 가지 맛이 있다. 하지만 면발과 만드는 법 등이 다르다. 라면의 면발은 꼬불꼬불하고, 스파게티는 고무줄처럼 길쭉하다. 라면은 끓는 물에 면과 라면수프를 넣어서 함께 익혀 먹지만, 스파게티는 면을 먼저 삶은 다음에 소스를 만들어서 섞거나 부어서 먹는다.

123쪽 (※ 5단계 – 27일째)

1. ① 집을 나와 학교 가기, 수업 전에 책 읽기

   ② 국어 시간, 급식, 5교시 수학 수업

2. 예시 아침 8시에 집을 나서 학교로 향했다. 학교에 도착하니 8시 10분 정도였다. 나는 수업을 시작하기 전까지 엎드려 잤다. 첫 시간은 영어 시간이었다. 인사를 영어로 말하는 것을 공부했는데 생각보다 쉬웠다. 4교시를 마치고 급식실에서 급식을 먹었다. 그러고 나서 5교시 음악 수업까지 다하고 수업을 마쳤다.

124쪽

3. ① 산 입구 도착

   ② 산에 오름

   ③ 산 정상에 도착

4. 예시 등산하기 위해 아침 일찍 산에 갔다. 우리는 심호흡을 하고 등산을 시작했다. 시간이 갈수록 땀이 뻘뻘 날 정도로 힘들었다. 산을 오른 지 3시간 정도 지나고 마침내 정상에 도착했다. 나는 너무 기뻐서 "야호"하고 소리를 질렀다.

125쪽

참고 다음 도움말은 모두 예시 입니다.

5. 내 생일 파티

6. 지난 토요일에 우리 집에서 친구들과

7. 촛불 켜고 생일 노래 → 촛불 끄고 선물 → 맛있는 음식 먹기 → 게임

8. 제목: 친구들과 함께한 내 생일 파티

지난 토요일에 집에 친구들을 초대해 생일 파티를 했다. 아이스크림케이크에 초를 9개 꽂고 불을 붙였다. 친구들이 생일 축하 노래를 불러 주었다. 노래가 끝나자 촛불을 껐다. 친구들이 손뼉을

쳐 주고 선물도 줬다. 우리는 맛있는 음식을 먹고 게임을 했다.

127쪽 (※ 5단계 - 28일째)

1. ① 친구의 기분이 상해 사이가 멀어질 수 있기 때문에, 친구도 화가 나 서로 싸울 수 있기 때문에 ② 화내지 않고 차분하게 말해야 한다.

2. 예시 친구를 놀리지 말자. 그 이유는 첫째, 모든 사람은 다 소중하기 때문이다. 둘째, 놀림을 받으면 마음에 상처가 남기 때문이다. 따라서 친구가 실수하거나 부족한 점이 있더라도 놀리지 말고 존중하자.

128쪽

3. ① 환경이 오염되면 공기가 더러워져 숨을 제대로 쉴 수 없다.

② 공장과 자동차 매연을 줄여야 한다.

4. 예시 환경을 보호해야 한다. 그 이유는, 환경이 오염되면 공기가 더러워져서 제대로 숨을 쉴 수 없기 때문이다. 이 문제를 해결하려면 공장과 자동차 매연을 줄여야 한다.

129쪽

참고 다음 도움말은 모두 예시 입니다.

5. ③

6. ① 방이 깨끗하고 깔끔해지기 때문에 ② 물건이 필요할 때 금방 찾을 수 있기 때문에

7. 물건을 사용하고 나면 제자리에 둔다.

8. 제목: 정리 정돈을 잘하자

정리 정돈을 잘해야 한다. 그 이유는 첫째, 방이 깨끗하고 깔끔해지기 때문이다. 둘째, 물건이 필

요할 때 금방 찾아서 쓸 수 있기 때문이다. 따라서 물건을 사용하고 나면 꼭 제자리에 두어 정리 정돈을 하자.

131쪽 (※ 5단계 - 29일째)

1. 기쁨, 화남, 슬픔, 즐거움, 외로움

2. 예시 새로 나온 슬라임 재료를 살 때 기뻐요. 엄마가 공부를 더 시킬 때 화가 나요. 엄마랑 아빠가 싸울 때 슬퍼요. 친구랑 인형 놀이할 때 즐거워요. 집에 혼자 갈 때 외로워요.

132쪽

참고 다음 도움말은 모두 예시 입니다.

3. ③

4. 주인에게 버림받은 것 같아서 불쌍하다.

5. 제목: 불쌍한 강아지

강아지가 불쌍하다. 주인에게 버림받은 것처럼 슬픈 표정을 하고 있기 때문이다. 비가 오는데도 가만히 앉아서 주인을 기다리는 것 같아 정말 불쌍하다.

133쪽

참고 다음 도움말은 모두 예시 입니다.

6. 자신감

7. 드디어 수영을 하게 되었다.

8. 예전에 물에 빠진 적이 있어서 절대 수영을 못할 거라고 생각했는데 포기하지 않고 계속 노력하니까 한 달 만에 수영을 하게 되어 자신감이 생겼다.

9. 제목: 드디어 수영한 날!

드디어 수영을 하게 되었다. 너무 뿌듯하고 더 잘

할 수 있다는 자신감이 생겼다. 사실 예전에 물에 빠진 적이 있어서 못 할 줄 알았다. 하지만 포기하지 않고 계속 노력하니까 결국 한 달 만에 해냈다. 다른 것도 더 자신감을 가지고 해야지.

135쪽 (※ 5단계 - 30일째)

참고 다음 도움말은 모두 예시 입니다.

1. 6번. 내 몸이 거인처럼 커진다면, 거인이 되어 바다를 건너는 모험 이야기를 쓰고 싶다.

2. 대통령에게 편지 쓰기, 외계인의 침략, 우주여행을 한다면, 공룡 시대로 간다면, 다른 사람과 영혼이 바뀐다면, 미래로 간다면, 시간 여행을 할 수 있다면, 30년 후 나에게, 꼭 익히고 싶은 마법 3가지, 내가 만약 동물이 된다면 등

136쪽

참고 다음 도움말은 모두 예시 입니다.

3. 숲속 체험을 하다가 우연히 풍선을 발견했다.

4. 하늘 높이 올라 철새 떼를 만나 함께 여행을 가는 장면

5. 은별이가 숲속 체험을 하다가 우연히 마법 풍선을 발견했다. 은별이는 호기심에 풍선을 잡았다. 그러자 몸이 붕 뜨면서 하늘 위로 올라갔다. 하늘에서 은별이는 철새 떼를 만났다. 은별이는 철새 떼와 함께 여행했다.

137쪽

참고 다음 도움말은 모두 예시 입니다.

6. 내 몸이 거인처럼 커진다면

7. ① 가족들이 깜짝 놀랄 것이다.

　② 집에서 살 수 없어서 집을 나와야 한다.

　③ 배를 타지 않고 직접 바다를 건널 것이다.

8. 제목: 내 몸이 거인처럼 커진다면

내 몸이 거인처럼 커진다면 가족들이 보고 깜짝 놀랄 것이다. 그런데 몸이 너무 커지면 집에 살 수 없어서 집을 나가야 한다. 그러면 나는 바다를 직접 건너는 모험을 할 것이다. 바다에서 수영도 하고 세계 여러 나라도 내려다보고 싶다.